時間的歷史

The History of Time: A Very Short Introduction

U0134717

The History of Time: A Very Short Introduction

時間的歷史

霍福–斯特雷文斯（Leofranc Holford-Strevens）著

蕭耐園 譯

OXFORD

UNIVERSITY PRESS

Oxford University Press is a department of the University of Oxford.
It furthers the University's objective of excellence in research, scholarship,
and education by publishing worldwide. Oxford is a registered trade mark of
Oxford University Press in the UK and in certain other countries

Published in Hong Kong by
Oxford University Press (China) Limited
39 Floor, One Kowloon, 1 Wang Yuen Street, Kowloon Bay,
Hong Kong

時間的歷史

霍福 – 斯特雷文斯（Leofranc Holford-Strevens）著

蕭耐園 譯

ISBN: 978-019-083223-0

1 3 5 7 9 10 8 6 4 2

English text originally published as *The History of Time: A Very Short Introduction*
by Oxford University Press © Leofranc Holford-Strevens 2005

目　錄

1　前言

9　第一章

　　日

29　第二章

　　月和年

41　第三章

　　現代曆法的史前史和歷史

62　第四章

　　復活節

91　第五章

　　星期和季節

118　第六章

　　其他曆法

146　第七章

　　年的標記

　　附錄

179　埃及曆法

180　亞歷山大的復活節

184　詞表

187　推薦閱讀書目

圖片鳴謝

1   Detail of Egyptian diagonal
     calendar
     Hildesheim, Roemer-und Pelizaeus Museum
     (inv. no. PM 5999)

2   Babylonian ivory with calculation
     of length of hours
     The Trustees of the British Museum (inv. no.
     123340)

3   Clockface from revolutionary
     France
     Oxford, Museum of the History of Science
     (inv. no. 44600)

4   Equation of time

5   Time zones

6   The moon's phases

7   Signs of the zodiac

8   The precession of the equinoxes

9   Fasti maiores Antiates, showing
     pre-Julian Roman calendar
     Rome, Museo Nazionale Romano in Palazzo
     Massimo alle Terme. By permission of
     Ministero per i Beni e le Attività Culturali/
     Soprintendenza Archeologica di Roma

10   Almanac of 1752 showing
     September with 19 days
     The Bodleian Library, University of Oxford
     (Douce A.618(16))

11   Hogarth, engraving of An Election
     Entertainment (detail)
     The Trustees of the British Museum (inv. no.
     Cc, 2-182)

12   Sixth-century mosaic of Dionysius
     Exiguus' Easter tables
     Ravenna, Museo Arcivescovile/ Opera di
     Religione della Diocesi di Ravenna

13   Ninth-century copy of Bede's
     perpetual Easter table
     Karlsruhe, Badische Landesbibliothek, (Aug.
     perg. 167, fol. 12v.)

14   Page of Gregorian Easter table
     From Clavius' Romani calendarii . . .
     explicatio (Rome, 1601), the British Library,
     London (532.k.10, p. 506)

15   Saturn and his day
     Vatican City, Biblioteca Apostolica Vaticana,
     (Romanus I, Barberini lat. 2154, fol. 8)

16   Fragments of Fasti Sabini showing
     weekday letters beside nundinal
     letters
     From Inscriptiones Italiae, xiii/2, ed. A.
     Degrassi (Rome: Istituto Poligrafico e Zecca
     dello Stato, S.p.A.)

17   Graffito from Pompeii showing
     conflation of week and market-
     cycle
     Corpus Inscriptionum Latinarum, iv. 8863,
     from W. Krenkel, Pompeianische Inschriften
     (Leipzig: Koehler & Amelang Verlag, 1961)

18   Dr Joseph Herman Hertz, the
     Chief Rabbi who fought to save
     the week
     National Portrait Gallery, London

19   Diagram from Byrhtferth's
     Enchiridion (early 11th century)
     The Bodleian Library, University of Oxford
     (MS Ashmole 328, p. 85)

20   Gaulish calendar from Coligny
     Musée Gallo-Romain de Lyon, France. © Ch.
     Thioc

21   Chinese calendar
     Paris, Bibliothèque Nationale de France. ©
     Lauros/Giraudon / www.bridgeman.co.uk

22 Piedra del Sol
    © Charles and Josette Lenars/Corbis

23 Mayan names for (a) days of
    veintena; (b) months of solar year
    From É. Biémont, Rythmes du temps (Paris
    and Brussels: De Boeck & Larcier, 2000)

24 One of five fragments of the
    'Palermo Stone' from Egypt, Fifth
    Dynasty, c. 2470 bc
    Palermo, Museo Nazionale Archeologico.
    Photo: akg-images/Erich Lessing

25 Part of Roman consul-list in Fasti
    Capitolini
    From Inscriptiones Italiae, xiii/1, ed. A.
    Degrassi (Rome, Istituto Poligrafico e Zecca
    dello Stato, S.p.A.)

26 Fragments of Egyptian king-lists
    From Sir Alan Gardiner, Egypt of the
    Pharaohs (Oxford University Press, 1961 and
    reprints), pl. iii

前言

　　本書的題目可能讓人產生一連串哲學或物理學上的問題：時間是否會有開始或終結；在涉及黑洞的問題時，時空規律是否不再適用；讓時間倒流、改變過去究竟是否可能 —— 有人以為有獨家本領可以這樣做，熱衷於這種幻想，卻忘記了要是真的改變了過去，他們的父母也許永遠不會相遇。

　　這確實是一些值得探討的問題，但是我更為關注的是時間的定義。公元268年前後，偉大的新柏拉圖主義哲學家柏羅丁[1]評說道，儘管我們不斷地談論歲月和時間，似乎我們清楚地認識它們是甚麼，但當我們深入探討之際，卻感到迷惑不解。大約130年之後，聖奧古斯丁[2]又精闢地複述了這一點：「那麼甚麼是時間？

1　柏羅丁(Plotinus, 205–270)，又譯普羅提諾，古羅馬宗教哲學家。公元3世紀時具有宗教天資的偉大哲人，將羅馬帝國時期復蘇的柏拉圖主義改造成為新柏拉圖主義，對於歐洲思想有廣泛影響。 —— 譯注，下同

2　聖奧古斯丁(Saint Augustine, 354–430)，又稱希波的聖奧古斯丁。公元396–430年間任羅馬帝國非洲希波主教，是當時西派教會中舉足輕重的人物，公認為古代基督教最偉大的思想家。他把《新約》所揭示的信仰最完美地與希臘的柏拉圖哲學結合在一起，又通過他的思想傳輸給中世紀的天主教和文藝復興時代的基督教(新教)。他的著作甚多，有《懺悔錄》、《上帝之城》、《書信集》、《講道集》等。

如果沒有人問我，我知道；如果我試圖解釋它，我便茫然了。」

本書不敢僭越先哲；時間是否宇宙的第四維抑或是具體化的抽象概念，它是連續的還是量子化的[3]，它能否獨立於運動而存在並被測量，在「創世之前」或「大爆炸之前」這類說法中的「之前」究竟有沒有意義，凡此種種問題統由他人回答。同一位聖奧古丁在面對上帝在創造世界之前做甚麼的問題時，雖然很不情願，還是打趣地作了回答：「上帝正為提出這類刁鑽難題的人準備地獄。」我不打算採取把實話說成玩笑這種方式。

我也不討論時間的進程是直線的還是循環的。晚期希臘羅馬的異教徒信奉時間輪迴，好比一條蛇噬咬着自己的尾巴，猶太教和基督教則反對這種信仰，主張時間徑直流逝；雖然並不僅僅是他們如此主張，但還是有些哲學家談論時間的循環往復。這提出了一些概念問題，我將不予討論；我只局限於論述日常語言中或街頭巷尾談論的時間，並將專注於正在和曾經採用的計量其進程的方法。

3　時間的連續和量子化指時間描述物質運動過程的次序和速度。在經典物理學中一切物理量(如質量、能量、動量等)都是連續和無限可分的，認為時間也具有同樣的性質。但是在量子力學中，當人們考察原子內的亞微觀體系時，物理學中的能量、動量、電荷等各種物理量取離散的天然單位，可觀測值只限於由離散值構成的自然集合。這就是說，亞微觀體系中的一切現象都顯示量子化，包括時間。量子化時間的最小單位是10^{-43}秒。

在英語中「時間」一詞可以指大致確定的時段，例如說「短時間」，意思是不太長久，又例如說「法老時代」，則延續了大約三千年；它也可指「無限連續的持久」，正如《牛津英語詞典》中的定義，一切事件在其中曾經發生、正在發生和將要發生。這一概念，正是柏羅丁和聖奧古斯丁困惑的焦點，預示着抽象思維的更高能力；不僅人類學家報告說許多原始民族不具備這種時間概念，而且在被認為由「荷馬」[4] 所著、自公元前8至7世紀以來被希臘人看作其文化基礎的史詩裏，*chrónos*這個詞也只表示一段時間的流逝，而不是我們所認知的時間概念。儘管這樣，公元前6世紀初偉大的雅典立法者梭倫[5] 已經有了這樣的概念；他把時間擬人化為了法官：「在時間的法庭裏。」從此以後，「無限連續的持久」這個概念在西方文明裏相當流行，以至我們不可想像在任何發達的文化裏會缺失這個概念；可是近來這一情況遭受爭議，不論是《希伯來聖經》還是拉比著述都不曾體現這一概念。然而，在任何一個哪怕是最簡單的社會裏，即使人們

4　荷馬(Homer)指創作古希臘兩大史詩《伊利亞特》和《奧德賽》的一個或幾個詩人。但是有關荷馬本人的史料貧乏，以致後來的學者不能確認真是這樣。但是，說有一個史詩的作者名叫荷馬，或他在史詩的形成上起主要作用卻是很有可能的。

5　梭倫(Solon，約公元前630–約前560)，雅典政治家和詩人。出身於貴族，並可能當過商人。約公元前594年任執政官。約20年後獲得充分權力，着手改革和立法。

還沒有意識到時間本身作為客體的存在，他們也必需計量它。本書敘述如何計量時間的進程。

荷馬已使用了年、月和日這些詞；他提到一些辯論和訴訟，讓我們認識到時間計量的一個重要背景，也就是說，即使在他的相對簡單的社會裏，某些案件也並非取決於某件事是否發生，而是取決於它是否在另外一件事之前已經發生。如果兩個事件被同一些證人所目擊，那麼沒有問題；如果不是這樣，這兩件事要能與第三個事件作對照，後者最好涉案兩方和法官都知道，譬如當地豪門的一場婚禮。如果沒有這樣一個事件，困難便接踵而至，除非案件中的事實能以社會所接受的時間計量方式確定下來發生的先後順序。

為記錄和協調人類的活動必須設計一個體系，把所發生事件與一個規則而可預測的、天然而反復出現的序列聯繫起來；由於這些體系是人為設計的，而且彼此部分或完全獨立地演變，它們在許多細節上各不相同。然而變動的範圍受制於自然界的客觀事實，特別是地球的繞軸自轉、月亮繞地球的公轉和地球繞太陽的公轉；正是這些構成了計量時間的最普遍單位，相應於日、月和年。

隨着生活變得越來越繁複，對知識界提出了越來越複雜的要求，不僅要區分一年、一月、一日和一日裏的更小時段(時間計量學)，而且要在年份等這類時間單位間建立起相互關聯(年代學)。後者包括比較不

同文化為此目的而建立的各種體系，以便確定表面上類似的兩種標示是否表示兩個不同的事物，或者同一個事物隱藏在兩個不同的名稱之下。

時間計量與自然節律的符合程度常常與使用方便相衝突；有時候犧牲前者，例如在西方曆法中對日這一時間單位的計量就往往是這樣；有時候犧牲後者，例如教皇格列高利十三世(Gregory XIII)制定的羅馬曆更加精確，但也更加複雜。對比之下，年的標示忽略了自然節律，怎麼做全按約定俗成；不過，它卻太容易具象化了。在1961年的頭幾個月裏，據說有一個電器製造商以一位家庭主婦「1961太太」的名義為他的產品做廣告。正因為她是1961太太，她就應該擁有最新款的真空吸塵器和最新款的電冰箱。公司的銷售額大增，但1961太太到1962年便銷聲匿跡了。

年在我們特定的曆法中計量並按特定的紀元排序，使我們產生錯覺，以為年具有一種現實性，足以超越制定它們的規約，1961太太正是這種錯覺的犧牲品。其實在其他曆法裏，公曆紀元的1961年甚至不能完整地包含在1年裏：在一種印度紀元的曆法裏，它的頭在1882年，尾在1883年，在另一種裏則是2017年和2018年，在埃塞俄比亞曆裏是1953年和1954年，在猶太曆裏是5721年和5722年，在伊斯蘭曆裏是1380年和1381年。

這樣一種具象化還擴展到更大的單位。「六十年

代」表示20世紀60年代，標誌那政治反叛、文化翻新的整整十年的一個時期；19世紀90年代（在此期間奧斯卡・王爾德[6]被判有罪）被稱為「骯髒的九十年代」，因為精英階層對要裝作接受中產階級享有體面的社會地位感到極為不滿。世紀也被貼上標籤：「在15世紀宗教信仰日益成為個人的情感表現」、「18世紀的英國文學是用頭腦而不是用心靈表現的」—— 就好像在說1401年或者1701年的第一天（不一定是1月1日，這一點我們將在第七章論述），舊的思想方法和情感就已被拋棄，如同拋棄1961太太的過時真空吸塵器一般。

約在公元110年末，當圖拉真皇帝[7]告誡普林尼[8]說接受匿名控告不適合「我們的時代」之時，他極具針對性地指的是「我的統治」，即他實施統治的原則。與之相比，現代的記者和政治家告訴我們政府的某些做法（儘管不是圖拉真所說的那個）在21世紀不可行，似乎日期是一種天然和法定的事實，其具象如此地不可移易。本書的目的之一是說明我們所應用的時間計量方法本質上是偶然的和任意的，以此揭穿它的具象化。

雖然本書的主題既非政治的，亦非宗教的，可是

6　王爾德(Oscar Wilde, 1854–1900)，愛爾蘭作家、詩人、戲劇家。1895年被控與青年搞同性戀，被判入獄服勞役兩年。

7　圖拉真(Trajan，約53–117)，羅馬帝國皇帝。

8　普林尼(小)(Pliny the Younger, 61/62–約113)，羅馬作家、行政官。出身富貴家庭，為作家老普林尼的養子。曾受圖拉真皇帝之命去比特尼亞調查官員的貪污腐化，兩年後死於該地。

我將在方便時闡述選擇曆法以及接受或拒絕改革的政治和宗教含意（例如基督教世界採用格列高利曆，伊朗採用Shahänshahi紀元）；甚至在1957年當印度政府推行一種新的世俗曆法時，它除了用陰曆年代替恒星年之外，不敢觸動各種各樣的宗教曆法。我還將用一章的篇幅專門討論一個宗教節日 —— 基督教的復活節，不是由於它的宗教意義，而是由於它在曆法上的複雜性。

然而，我的闡述只涉及曆法本身，而不涉及它們的應用或意義；同樣，儘管關於時間作為社會的產物和構建者，或者關於它之於人的感知 —— 年輕人和老年人、男人和女人、白領和藍領、工人和農民等等，有着許多內容可寫，還是把這些留給更有資格的人去寫吧。

專業術語當其不可避免時，我會在書末的詞表裏加以解釋；然而，我要在這裏說明，我偶爾會使用單詞*feria*、*quantième*、*lune*和*millésime*等代替冗長的詞語「星期中的日期」、「月份中的日期」、「陰曆月份中的日期」、「年份數」。數字則用科學方法表示，不加千分號：一千是1000，一萬是10 000，萬分之一是0.0001，十萬分之一是0.000 01。

本書保留了傳統的縮寫ad和bc，而不用ce和bce，這有兩個理由：若採用後者會使得很容易區分的bc 1和1 ad 成為不易區分的1 bce和1 ce；此外，雖然該曆元作為耶穌基督誕生日的日期幾乎肯定是錯誤的，它還是

保留着對這一事件的紀念意義，而且在同一年內沒有具有世界意義的其他事件足以取代。儘管一種純粹世俗的紀元可能會顯得十分有吸引力，尤其是在全球化的時代，但不能因想將基督紀元世俗化而否認它的起源。

第一章
日

自然日、人工日、民用日

在大多數社會裏，時間計量最基本的單位是地球自轉的週期，通常被稱作日。可惜，這個詞及其在其他語言裏的對應詞是可作多種解釋的：除去別的意義不談，它既可指稱與夜晚相反的光明時段（白晝），又可表示白晝和夜晚的結合體。在某些文化裏，這兩者的結合體被稱作夜，譬如凱爾特和日爾曼民族就曾是這樣——他們以在黑夜時偃息的週期來計量旅行或戰役的持續時間。這一用法在英語詞fortnight（兩周）中保留了下來，它的意思是14夜（以前還使用sennight，意思是1周），而現在我們預訂旅館時也是這麼用的。儘管如此，通行的詞仍然是「日」。

公元238年，拉丁語作者岑索里努斯（Censorinus）在寫作中用了「自然日」（*dies naturalis*）和「民用日」（*dies civilis*）兩個詞，相應地區分了「白晝」和「自轉週期」兩種意思；然而，到了7世紀，知識界認定真正的日是結合的整體。因此，後者被稱為了「自然日」，

白晝則被重新命名為「人工日」(*dies artificialis*);也正由於此,喬叟[1]在《律師的故事》引言中提到了太陽的「人工日」。「自然日」和「人工日」這兩個術語在本書中採用的正是這樣的意思。

原則上,自然日作為連續流逝的時間的一個部分,可以在任何時候開始。某些語言中對於24小時的週期有一個日常用詞,而不問其起點(例如荷蘭語的*etmaal*,俄語的*sutki*,瑞典語的*dygn*);這對於計量航海的持續時間特別有用,因為它不同於陸上旅行,不會在夜間中斷。英語中沒有相應的詞,除了罕用的科學詞匯*nychthemeron*;這是個希臘詞,字面的意思是「夜晚–白晝」,使徒聖保羅在對科林斯人講話時用了這個詞:「一晝一夜在深海裏」(《新約·哥林多後書》第11章25節[2])。新版的英文《聖經》想要避免讓人以為他的考驗在日落時開始,改用了「24小時」。

一定要把起點不確定的自然日與民用日的意義作嚴格區分:民用日也是一種自然日,不過從一個由法律或習慣規定的特定點起計量。在現代西方,遵循古羅馬人的做法,這個點是子夜,在中國也是如此;但是猶太人和穆斯林的日是從日落計量的,這和古希臘

---

1 喬叟(Geoffrey Chaucer,約1342/1343–1400),英國莎士比亞時代以前最傑出的作家和最偉大的詩人之一。其文學創作的最高成就是晚年所寫長詩《坎特伯雷故事集》,讀者廣泛,對後世影響甚大。
2 譯文摘自《新舊約全書》,中國基督教協會和中國基督教三自愛國運動委員會印,1988年。

人和巴比倫人相同。基督教禮拜儀式日同樣從日落開始(儘管子夜禮拜儀式是復活節和聖誕節的開端)。埃及人(然而不是在埃及的希臘人)從日出開始計量;本著同一精神,我們社會的大多數人在子夜後稱下一個人工日為「明天」而不是「今天」。(在許多語言裏,包括英語,意指「明天」的詞與意指「早晨」的詞有關,甚至就是同一個詞,如西班牙語的*mañana*。)古代的翁布里亞人把正午作為一天的開始,在羅馬人看來這簡直荒謬。正午也是傳統的天文日和航海日的開端,這樣便於把一個夜晚的所有觀測都歸入一個日期;不過現代的天文學家和航海者已採用民用日。

自然的和社會的劃分

在少雲的天氣,通過觀測太陽影子的位置和長度,太陽在天空的視運動是可以測量的。在《聖經》中記載了這麼一件事:在公元前8世紀晚期,當猶大國王希西家[3]覺得不適,先知以賽亞[4]讓太陽的影子在顯然是由國王的父親設置的器具「亞哈斯的腳步」[5]上

3　希西家(Hezekiah,約公元前715–約前686在位),耶路撒冷猶大國王,大衛王的後裔和第13代繼承者。

4　以賽亞(Isaiah),古代以色列先知。《聖經‧舊約》中的《以賽亞書》據說是他所著。他可能是貴族,甚至是王室族人,得以經常與國王談話。

5　亞哈斯(Ahaz),《聖經‧舊約》所載猶大國王。

不可思議地後退了10步。儘管詹姆斯國王欽定的英譯本《聖經》說法為「錶盤」上的「度」——意指日晷而不是鐘面，希伯來文仍保留着同一個詞*maʼălôt*；更為晚近的闡釋者認為「腳步」指臺階或平臺，設置它們是為了實用或者裝飾，並非用來計時。這更符合後來的猶太教《聖經》講解書的描述。在這類書中提到有一道劃痕刻在牆上，當太陽的影子到達這個記號時，按照先知給出的預言，就會有這樣那樣的事情發生。這些並不是我們所理解的日的時刻，它們的意義和雞啼或者荷馬用作時標的自然的或社會的事件（「當被染為玫瑰色的朝霞出現」，「當太陽向放牛吃草的一刻趕去」，「當一個人評判了許多爭端之後起身去吃晚飯」）差不多；更久之後出現的被稱為《密西拿》[6] 的猶太教律法書中也是如此。甚至正午和子夜也只是時間段而不是時間點，即太陽從升起到下落或從下落到升起的中途。

小時

相比之下，古埃及人許多世紀以來就已把人工日和夜晚都各自分為12「小時」；在前一種情況中，之

6　《密西拿》（*Mishnah*），猶太教經籍。其內容是約公元前450年以來的若干口傳律法的詮釋，由許多學者陸續編纂，最後於3世紀由猶太親王總其成。

前曾經有過把白晝劃分為10小時再加上半明半暗的2小時。白晝的小時是用日影鐘和日晷計量的，夜晚的小時則通過依次升起的星座確定。每隔10天，就有一個新的星座被確認為與太陽一起升起（在此後連續的9天裏，這一星座每過一天就提前升起4分鐘），這樣產生了一組共36個星座，希臘語中稱為*dekanoi*；這個詞英語化為了decan，也用於稱呼手下有10個人的官吏，由此衍生出dean（主任）和doyen（耆老）這兩個詞。在每一個10天的期間內，最接近黎明時分升起的這樣一個星座和每個小時的開始在「對角線曆」中標示了出來；這個曆之所以這麼稱呼，是因為每個星座所佔的行都比前一欄要高出一行（參見圖1）。

這樣的小時 —— 在專業上稱為不等長的或季節性的，因為它們的長度隨一年裏的時令而改變 —— 為希臘化時代的希臘人和羅馬人所採用（雖然羅馬人常常把夜晚分為4個*vigilia*，即「更」），而且一直到中世紀晚期平時還在使用。因此在《約翰福音》中才會有耶穌的這麼一問：「白天不是有12個小時嗎？」白天指的是人工日。這也是為甚麼午休會稱為*siesta*，這個詞在古西班牙語裏的意思是「第6」，即白天的第6個小時（參見加框文字）。

儘管天文學家把自然日（從正午起計量）分為相等的24小時，也稱晝夜平分時（後一種稱呼是因為春秋分兩天的夜晚和白晝長度是相等的），但是一般人群更

古人如何計數小時

- 當人們說耶穌受刑那天「從第6小時整個大地籠罩在一片黑暗之中，直到第9小時」，這就是說從正午直到過了半個下午。類似地，一句希臘箴言說有6小時用來工作，之後的4小時用來生活，因為希臘字母ζ、η、θ、ι是數字7、8、9、10的正規標識，拼起來成詞ζηθι，意思就是「生活！」

- 天主教每日7段祈禱時間中的第3段辰時經(terce)和第5段申初經(nones)分別源於拉丁詞*tertia*(第3小時)和*nona*(第9小時)。然而，比規定的時間提早吟詠祈禱的趨勢使得noon這個詞(即nones更早的形式)的意思成了「正午」；早在14世紀，它的這一新意義就已完全確立了。

喜歡使用季節性的小時；只要工作和旅行都在白天進行，它就既可指示已流逝的時間，又可指示剩餘的時間。有一些數表可用於將漏壺(也稱水鐘)計量的等長的小時轉換為從日晷上讀取的不等長的小時。14世紀以來機械鐘在歐洲開始流行，但即使它們也未能令等長小時即時佔盡上風，因為較為複雜的時鐘有時不但指示日期和日月位置，還指示不等長小時。

然而，一但等長小時成了常規，從子夜或正午去計量它們就比從日出或日落計量更為方便了；因此，人們開始從正午前後計量兩個12小時的序列。除了政

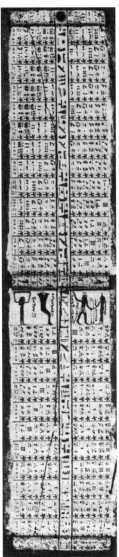

圖1 埃及對角線曆的局部圖

圖2　刻有計算小時長度文字的巴比倫象牙

府部門和軍隊專門使用0到24明確的計量體系，這一直是規範，在講英語的國家尤其如此。不過在意大利曾經有一種從日落起計量的24小時的單一序列，時鐘要隨日落在一年中的提前或滯後而隨時調整；即使現在，小時已從子夜起計量，意大利人還會在日常會話中隨意地使用24小時。講英語的人不會約人「在13時」吃午餐，而是説「1點鐘」，意指下午1時，但是在意大利語中説*alle tredici*（在13時）就絲毫不是矯揉造作了。

圖3　法國大革命時期的鐘面，分劃為24小時(外圈)和10小時(內圈)

　　在馬霍卡[7]島上使用的從黎明起計量的24小時序列，是這類「意大利小時」的變種；它們被稱為「巴比倫小時」，這種稱呼源於古代作家誤以為巴比倫日開始於日出。事實上，它開始於日落；夜晚和人工日各自分為3「更」，每一更又分為4個「時段」，即4個季節性小時(參見圖2)；但是自然日或被分為(我們將在稍後看到)60份，或被分為12個*kaspu*，每一個*kaspu*

7　馬霍卡(Majorca)，西班牙巴利阿里群島最大島，在地中海西部。

代表一個黃道宮，有時用希臘語稱為*hôrai*，但是從歐洲中心論的觀點出發，現在通常稱為「時辰」。

時辰在公元前102年已被中國人採用，取代了之前把1日分為10個時段的做法。法國大革命時期當局頒佈的共和曆也採用十進制分割制，把1日分為10小時，1小時分為100分鐘，1分鐘分為100秒，於共和三年葡月1日（1794年9月22日）開始實施。儘管這個方案不合實用，還是造出了按10小時分割的鐘面（參見圖3）。

更小的劃分

古巴比倫人的算術取六十進制；相應地，天文學家（儘管已存在時辰）把自然日分為60個時段，每個時段又分為60份，以此類推。例如朔望月的長度估計為29＋31/60＋50/3600＋8/216 000＋20/12 960 000，現代學者把它寫為29；31，50，8，20日。

古希臘天文學家把自然日分為24個晝夜平分的小時，每小時分成15 *moîra*，或稱「度」，即用以計量弧度的同一個詞，因為在這兩種情況下整體都分成了360份（公元2世紀時的托勒密更喜歡使用「晝夜均分的時刻」）；古希臘計時單位還有*stigmé*，即「點」，用於表示半個*moîra*。

在後古典時代希臘文和拉丁文的著作中都可以看到更為複雜的體系（參見加框文字）。然而，儘管小的

小時的細分

拜占廷希臘語

1小時=5 *leptá*（「小事物」）	12分鐘
1 *leptón*=4 *stigmaí*（「點」）	3分鐘
1 *stigm* =2 *rhopaí*（「脈衝」）	1½分鐘
=3 *endeíxeis*（「閃現」）	1分鐘
=12 *rhipaí*（「轉瞬」）	15秒
1 *rhip* =10 *átoma*	1½秒

中世紀拉丁語

1 小時=4 *puncta*（「點」）	15分鐘
1 *punctum*=2½ *minuta*	6分鐘

或者

1 小時=5 *puncta*	12分鐘
1 *punctum*=2 *minuta*	6分鐘

1 *minutum*=4 *momenta*（「脈沖」）1½ 分鐘
=6 *ostenta*（「閃現」）1 分鐘 1 *momentum*=12 *unciae*（「一點」）7½ 秒1 *uncia*=47或54 atomi

7世紀時的一位愛爾蘭作家令1 minutum等於2 *moments*（4分鐘）；赫拉巴努斯·毛魯斯(Hrabanus Maurus，9世紀)稱其為*pars*(參見古典希臘文 *moîra*)。

希伯來

1 小時=1080 *hălāqîm*（「小段」、「小份」）

1 *haleq*=76 *rəgā'îm*（「剎那」）

在曆法的應用上，1 *rega'* 是1/82 080小時；但是有一部猶太教法典宣稱上帝的憤怒持續1個*rega'*，是1/58 888小時。

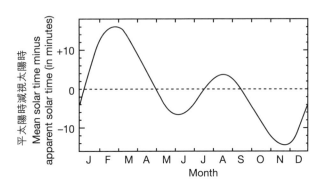

圖4　時差

單位可以應用於天文學和占星術中，或用於炫耀博
學，這類概念上的劃分超越了實際的測量，因為沒有
方法可以分離出時間的原子，即把1小時分成22 560或
25 920份。

中性形容詞*minutum*指稱「微小的事物」，它被
用於各種情況，如1/15小時(4分鐘)、1/10小時(6分
鐘)和1/60日(24分鐘)；但是它從來沒有表示過1/60小
時，這用的是*ostentum*。然而，我們發現在中世紀晚
期出現了新的六十進制的劃分，把小時分為*primae*、
*secundae*和*tertiae minutae*(省略了*partes*)。從這一已經應
用於弧度的體系中產生了「分」和「秒」；「第三
分」(即1/60秒)簡記為＇＇＇，其後已在很大程度上讓位
於十進制數。

視太陽時和平太陽時

　　時鐘取代日晷成為計量時間的更普遍的工具，這除了使得晝夜平分的小時得以應用之外，還帶來了一個更深刻的變化：用時鐘表示的平太陽時取代了以日晷表示的視太陽時。如果地球軌道為圓周，太陽位居中心，而且它的自轉軸垂直於軌道面，那就沒有差別；但是，由於地球軌道是橢圓，自轉軸是傾斜的，自然日的計量相較於以時鐘表示的等長的24小時，在一年裏會有半小時的上下。視太陽時與平太陽時的差稱為時差；當視太陽時超前於平太陽時時，其值為正，反之為負(參見圖4)。

時間的標準化

　　即使平太陽時已經獲得法定地位(例如1792年在英國)，它還是因各地不同的子午線而變化：若一地在另一地以東，經度每相差15'，同一個標稱時間就會提早1分鐘。只要交通運輸局限於馬拉水運，通訊速度相當於馬跑鳥飛，這就無關緊要；但到了19世紀，一列火車以一定速度向正西開行許多英里，會顯得比另一列以同樣速度向正東開行了同樣里程的火車快，或者一封電報從東邊發送到西邊，到達的時間看起來會在發送之前，這樣就亂了套。

有鑑於此，鐵路公司按照相對於皇家天文臺的一條黃銅標線計量的格林尼治平時制定了時刻表，在車站安置了時鐘。許多意見對此表示反對，它們不僅來自某些聲望卓著的人士，甚至還來自皇家天文學家。他們的理由是，如果時鐘已經指示正午，而太陽還沒到達時鐘所在處的正上方，那麼這只鐘就是在撒謊。儘管如此，標準化的時間還是佔了上風，並於1880年訂入了法規。地方時被徹底忘記了，譬如說在牛津的基督堂學院，人們還遵循這樣的傳統，即若超過約定時間5分鐘才算真的遲到，也就是說按照當地平太陽時(西經1°15')和格林尼治平時來算都已經遲了，但這個傳統甚至被牛津其他學院看成只不過是一種無傷大雅的怪癖。

時區

其他國家也採用了類似的標準時間；但是，雖然這對於鐵路公司來說是足夠了，不過對於國際電報還是不行。它並不一定要求全世界採用單一的時間，但至少要為所有的地方時制定可供參照的單一標準。由於貿易和交通的全球化，為了方便起見，所有的地圖和海圖已被要求標注相同的經度系統，都是相對於一條本初子午線向東或向西多少度，不論它們由哪個國家出版；這條本初子午線也將產生標準時間。

1884年10月在華盛頓特區召開的國際子午線會議採納了美國的建議，即本初子午線「通過格林尼治天文臺子午儀的中心」；從此以後這就成了規範，儘管在此後多年內法國的地圖繼續標注0°在巴黎。(作為一種撫慰，會議採納了法國的建議，研究角度和時間的十進制計量。)結果，格林尼治時間成為全球的參照標準，其他所有時間表達為其前或其後多少小時。法國人再次顯示了他們的固執，只是在1911年才終於轉圜，但直到那時為了挽回面子還將法定時間定義為巴黎平時減去9分21秒。

少數不切實際的極端主義者希望也把格林尼治平時作為全球通用的民用時；但是儘管一隻鐘顯示正午的時刻有十來分鐘的超前或滯後時，來自科學或迷信的反對聲還可被立即駁回，若中午已在名義上來到而太陽仍在地平線上或者天空漆黑一片，那可不是同一回事。有鑑於此 —— 由於一日的時間不同於季節，不受緯度的影響 —— 把全球分成垂直的條帶，稱為時區，兩端終止於南北極。由於政治的因素，例如國家的邊界或人為的決定(冰島採用格林尼治時間，法國和西班牙[但不包括葡萄牙]則提前了1小時[簡記為+1])，它們的界線有些不規則(參見圖5)。儘管印度和中國在它們的整個領土內採用單一時間(分別為+5½和+8)，其他一些大國有1個以上的時區；俄羅斯獨佔鰲頭，佔據11個時區，從加里寧格勒的+2到阿那迪爾的+12。

國際日期分界線

在儒勒‧凡爾納 (Jules Verne) 所寫的菲列阿斯‧福克80天環遊地球的故事中，福克本以為輸了打賭，但是他的僕從帕斯帕都告訴他，那一天是星期六而不是星期天；作者解釋道，這是因為他向東而行，「迎向太陽，結果每經過經度1度，日子對他來說就縮短4分鐘」，經過360°，正好24小時。因此，儘管他看見太陽經過子午線80次，他的呆在倫敦里福姆俱樂部裏的夥伴們只看見79次。相反，倘使他向西旅行，他將失去1日而不是多出1日。

一名向東行進的旅行者穿過東經180°子午線時需要扣除多出的1日，一名向西行進的旅行者要加上失去的1日；因此東行的船舶會再過那一日，而西行的則會少過1日，乘飛機的旅客在前一種情況下要把他的日曆表撥回1日，在後一種情況下則要撥前1日。當這條子午線穿越陸地或者把屬同一政治實體的一些島嶼分割開來的時候，就要適當地偏東或偏西作些改變；這條作過修正的子午線稱為國際日期分界線。位於這條線以西的地方，1日內的時間都超前於格林尼治，最多達12小時 (少許地方超過12小時)，在它以東的地方則滯後於格林尼治。

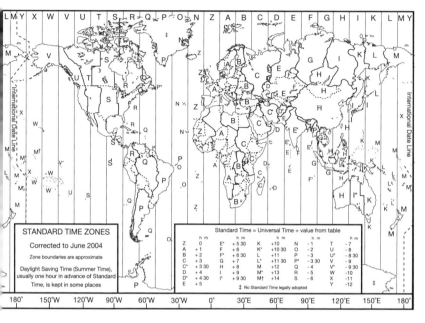

圖5　時區

世界時

　　為了天文學的目的，格林尼治平時在1925年以前按24 小時從中午起計量；從那時以來（與華盛頓會議表達的願望一致），根據一條距黃銅標線數米的純理論的本初子午線，它從子夜起計量。1928年它被重新命名為世界時，記為UT。若直接由觀測所得，稱為

UT0；當加上地極的不規則運動、即「錢德勒擺動」[8]的改正之後，它成為UT1。這是天文學和航海的標準。

UT2試圖改正某些季節性的振盪[9]，是更深入的精確化。儘管如此，還是表明不可能以地球自轉為依據建立均勻時標。然而，技術又一次顯示了它更勝於自然的優越性：正如機械鐘比太陽更均勻，原子鐘則比地球更精確。由此，為了科學的目的，秒現在被定義為「銫133原子基態的兩個超精細能級間躍遷產生的輻

8　錢德勒擺動（Chandler wobble）為地球自轉軸在地球本體內運動，從而它與地球相交的兩個端點，即地球南北兩極，在地面上移動，這種現象稱為極移。極移的軌跡大致上是圓周。1891年美國天文學家錢德勒分析觀測資料得出結論：極移包括兩個主要的週期成分，一個是近於14個月的週期，另一個是周年週期。前一成分稱為錢德勒擺動。兩者合起來，極移的範圍不超過24米×24米。極移使地面上各點的經度和緯度都發生變化。一地的經度變化就在於該地的子午線改變，而任何一地的時間計量都相對於其子午線。所以極移引起的經度變化會影響時間的計量。在天文學上，極移的數值由實測得到，據以按理論公式計算出對世界時的改正量。UT0加上這個改正量以後即成為UT1。實際上改正的是整個極移的影響，而不只是改正其中一個成分錢德勒擺動。作者在這裏的敘述不完全。

9　UT1是與地球自轉的速率合拍的。地球自轉並非絕對均勻，它包含以一年和半年為週期的季節性變化以及逐漸變慢的長期變化，所以UT1並不是一種均勻的時間計量標準。20世紀50年代，由於科學技術的發展對均勻的時間計量標準提出了更高的要求，UT1已不敷應用，於是天文學家設法改正包含於UT1中的季節性變化，得到了相對均勻的UT2。不過，這只是一種近似的改正，何況還無法改正長期變化。50年代末，人們應用原子鐘計量時間，建立了原子時標準，放棄了地球自轉的時間標準。不過，當代天文學還在繼續測量UT1，因為在大地測量和航海中需要應用它，而且它又是反映地球自轉速率的地球物理參數，在科學研究中有重要價值。

射的9 192 631 770 周延續的時間」；以此為基礎確定的時間稱為TAI（*Temps atomique international*[10]）。

　　這種時間不像UT1那樣計及地球自轉，民用時於是採用了另一種標準，稱為協調世界時，簡記為UTC。它通過閏秒保持與UT1相差不超過0.9秒，可能是正閏秒（23時59分60秒加於0時0分0秒之前），也可能是負閏秒（跳過23時59分59秒；實際上從來沒有發生過），按照國際地球自轉和參考系服務（IERS）的指示，加於6月或12月的末尾。UTC與TAI相差整數秒；從1999年1月以來UTC–TAI=–32秒。在講英語的世界，人們常稱它為格林尼治平時，即GMT，雖然這個詞有時也用於UT1。

　　天文學家還應用另外一些時間計量系統，例如地球時（TT），它比TAI超前32.184秒，用於計算行星相對於地心的位置；它與UT1之間的差稱為ΔT（代爾他T）。

日光節約時（夏令時）

　　20世紀初，切爾西建築工人威廉‧威利特（William Willett）提倡在春季和夏季的月份裏把鐘錶撥快，以便人們可以享受早晨的陽光；起先他建議連續4次超前GMT 20分鐘，最終他提出一次撥快1小時。這個建議在1916年以前一直受到冷落，而到了1916年，由於戰

10　法文「國際原子時」。

時經濟的需要，德國和奧匈帝國率先採用，中立國荷蘭緊隨其後。英國在戰爭期間也如此做了，並在1922年再度實行。從此以後，英國夏令時，即BST，每年至少在部分時間內實行。

在二次大戰期間，從1940年到1945年「夏令時」持續於整個冬天；從1941年至1945年，以及在1947年的燃油短缺時期，稱為雙夏令時的兩小時超前在一年中大部分時間裏實行。一種全年的BST，重新命名為「英國標準時」，於1968年頒行；但是，冬天的早晨黑暗延續很久(在蘇格蘭北部最晚會持續到上午10時)，這迫使人們在1971年又回歸到GMT。根據歐洲聯盟內部的協議，現在夏令時開始於3月最後一個星期日的GMT凌晨1時，結束於10月最後一個星期日的同一時間。

世界上大多數國家以某種方式實行日光節約時，赤道以南的國家與以北的國家在不同的月份實行。在美國按時區實行，從4月的第一個星期日地方時凌晨2時到10月的最後一個星期日地方時凌晨2時；但是各州和美國的屬地可以選擇規避，或者(如果它們跨越兩個或以上時區)可以部分規避；這樣，在夏威夷州、阿拉斯加州內的夏威夷－阿留申時區、亞利桑那州(除了納瓦霍印第安保留地)和印第安納州的東部時區(實際上它包含該州的大部分)都不實行夏令時 —— 結果在日光節約時期間，整個印第安納州比GMT滯後5小時，比英國滯後6小時。

第二章
月和年

　　月亮繞地球公轉的週期至少在理論上是「月」，它在大多數語言裏以意指「月亮」的詞指稱，或者(如在英語裏)以這類詞的派生詞指稱；地球繞太陽公轉的週期至少在理論上是「年」。我們將會看到，沒有一種曆法能夠同時正確處理這兩種公轉週期；「月」或「年」定有一種成為相機而定的計量單位 —— 正如稱為「英尺」(英語foot，此詞的另一釋義是「腳」 —— 譯注)的各種計量單位並不與任何一個人的腳長相匹配。

　　在有些社會裏，日以另一種與月和年無關的方式加以組合：最廣泛採用的是7日星期。許多這類體系是集市週期；在非洲存在不同長度的幾種此類週期，但是最為人所熟悉的是古羅馬的8日「集市週期」(*nundinum*)和法國大革命時期的「旬」(*décade*)(參見第五章)。

　　年可以組合成世紀和千年；在印度有更長的組合，稱為世界的時代，而從前在東馬雅人之中則有不是基於太陽年或260日週期(參見第六章)、而是基於360日的「歲」(*tun*)及其倍數的組合。較長的單位常

常與當前世界的存在期有關，一些人認為它將在基督紀元2000年時終結；此前類似的預計在俄國也曾有過，人們認為世界末日將在創世後第7000年到來，這一年相當於公曆1491年9月1日至1492年8月31日。

天文學依據

地球繞軸自轉，它也環繞太陽公轉，不過在不知就裏的觀察者看來，似乎是太陽在環繞地球運轉，恰如月亮那樣。當太陽和月亮靠近時，月亮不能反射太陽光；它們的黃經完全相等的瞬間，稱為合日或新月，不過新月這個名稱也用於經過合日後月亮剛剛顯形的那幾天。相反，當太陽和月亮面對面地相距180°時，我們稱之為沖，即滿月（圖6）。

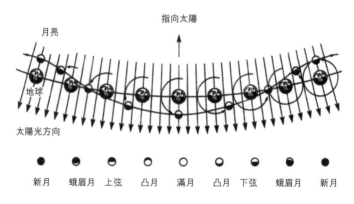

圖6　月相

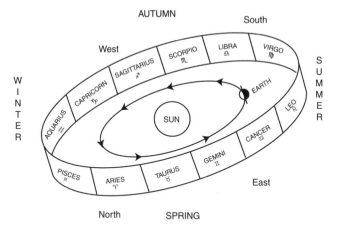

圖7　黃道宮

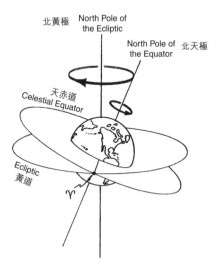

圖8　二分點的歲差

太陽在天空作周年視運動的路徑稱為黃道，來源於希臘詞 *zōidia*，意謂「小動物」，因為黃道分為12段，每段30°，稱為黃道宮，按星座命名：白羊(Aries)、金牛(Taurus)等等(參見圖7)。然而，這些黃道宮已與星座的實際位置不符合；這是由於地球自轉極在約25 780年內沿一圓周進動，導致天球緩慢旋轉，這種現象稱為二分點的歲差，因為它使得動力學分點——即黃道與天赤道的交點，太陽經過時赤緯由南緯變為北緯——相對於星座緩慢而持續地移動(參見圖8)。標誌着北半球進入春天的春分點，原先位於白羊座，當前已位於雙魚座，而且正在向寶瓶座前行；但是在人類文明的早期它還在金牛座。

大多數曆法或者是太陰曆，或者是太陽曆。理論上陰曆以朔望月(synodic month，源自希臘文 *súnodos*，意即「合」)，也就是太陰月為基準，它是新月至新月(在中國西藏和印度北部按滿月至滿月計量)的時間間隔，平均長度為29.530 59日=29日12小時44分2.976秒；12個朔望月則集為1年。陽曆以地球環繞太陽公轉經歷的日數作為1年，它又被細分為較小的單位，也稱為月，但與太陰月無關。大多數情況下陽曆採用回歸年(tropical year，源自希臘語 *tropai*，意即「太陽的至點」)，這是太陽平黃經相對於動力學分點改變一整周的週期；當前的數值是365.242 19日，相當於365日5小時48分45.2秒稍多。然而，如果要以從春分點到春分

點的週期去擬合的話，那麼更接近的平均值是365.242 374日，相當於365日5小時49分1.1秒稍多。這些平均值在逐漸改變；兩千年以前它們分別是365.243 210日和365.242 137日。

由於歲差，回歸年比恒星年(sidereal year，源自拉丁語sidus，意即「星座」)要稍短；恒星年是太陽視圓面相對於恒星連續兩次在同一位置的週期，它包含365.256 36日，即365日6小時9分9.5秒。大多數精細的曆法以回歸年為基準，除了印度，那裏有大量的地方曆法，既有陽曆，也有陰曆，前者在1957年以前以恒星年為基準。

可惜12個朔望月比回歸年或恒星年要短約11天。由於這一原因，沒有一種曆法能夠真正兼以兩者為基準；必須有所抉擇。然而，大多數陰曆力圖兼顧太陽，而陽曆除了把年分為名義上的月以外，則不顧月亮。

陰曆

決定新月的最古老的方法是觀察剛剛顯露的月芽：主管當局或者親自觀察天空，或者接收可靠的報告。儘管原則上看起來這一體系可能是最精確的，但只要月亮被看成是一種目視現象而非天文現象，它就會受到影響，或由於宗派利益支配下的濫用職權，或由於天氣變壞而受干擾。後一種情況因一條規則而得

到某種程度上的控制，但並未完全消除；這條規則是，如果這個月已過去了29天，而新月還沒有在那一晚觀察到，那就自動認為它在下一晚會被觀察到，所以沒有一個月會超過30天。

在一個太大而無法實現信息快速傳播的社會裏，靠觀察也會帶來問題；再則，當天文學家希望確定過去的兩個事件之間經過了多少日子，或者想要預告將來某個事件的日期之時，他們感到極不方便。因此，既然朔望月比29½ 天略長，那麼交替地採用30日的「大」月和29日的「小」月就足以構成尚算精確的陰曆，這樣的1年有354日；現代猶太曆(儘管包含多種複雜的安排)以及天文學家和換算表所用的理論伊斯蘭曆，都以這種概略的處理原則為基礎。它的優點是能夠按要求向前(或向後)擴展得很遠，而不必顧及任何外部事實。

智識的進展提供了另一種可能性，即計算合日，而一個月的開始或採用這一日(如在中國)，或採用下一日(如在印度南方)。如同由觀察所定的曆法，這一做法仍然考慮到了月亮的真實情況，但同時兩個不論過去還是將來的日期之間的關係，能夠以不亞於純粹概略的曆法的精確度建立起來，儘管這只是在可靠的計算所能達到的範圍之內。

大多數陰曆力圖通過每隔幾年添加一個額外的月份來修正陰曆年與陽曆年之間的差異，這稱為置閏。

這可以在某些外部條件符合的情況下進行，例如在原先以觀察為基準的猶太曆中，而印度的陰曆至今仍在這麼做。另一個辦法是可以應用一條規則；一種粗略的方法見於古代，曾在某些早期基督教的復活節查定表中應用，即在8年裏加入3個閏月，但是更加精確的是在19年裏加8個閏月[1]。這通常被稱為默冬章，據說是由古希臘天文學家默冬（Meton）於公元前432年提出來的；然而，這其實首先由巴比倫人所採用，他們擁有最重要的古代陰曆（參見加框文字）。默冬章用於現代猶太曆和（加上了某些限制條件）中國的傳統曆法[2]，

1　原文如此，實際上是7個閏月。

2　這種在陰曆中置閏的曆法稱為陰陽曆，目的在於使歷年長度，即若干年內的平均年長，盡可能接近於回歸年，從而使曆法與季節變換的節律合拍。我國早在商代已使用陰陽曆。從戰國時代起，實施19年加入

也被基督教會用來計算復活節(參見第四章)。

對現代西方人來說,猶太曆和伊斯蘭曆是他們最熟悉的兩種非陽曆;他們把置閏的陰陽曆和陰曆作為兩種曆法區分開來,前者遵循月相變化,但也顧及太陽,後者不置閏,也就不考慮太陽。然而,屬後者的伊斯蘭曆是一個個別的例子;不僅猶太曆,而且古希臘曆、高盧曆、巴比倫曆和中國曆都是陰陽曆,以月亮為基準的各種印度曆也是。應該把陰陽曆看作陰曆中的主要類別,不置閏曆法則是其中的少數類別,而不是第三種曆法,這樣的看法才更合情合理。

在一月之內,日期可以連續計數,就如同猶太曆和當前的伊斯蘭曆一樣;但這並非存在的唯一方式。在一些曆法中,盈月的日期和虧月的日期是分別計數的;印度的陰曆遵照這種方式,古高盧曆(通過一些複雜的安排)也這樣做。在另一些這類曆法裏,虧月的月齡反向計數,所以下半月任何給定一日的月相是上半月相應一日的映像;這樣的「計日」在一個大月裏排列如下:

1	2	3	4	5	6	7	8	9	10	11	12	13	14	15
15	14	13	12	11	10	9	8	7	6	5	4	3	2	1

7個閏月的置閏法則(閏周)。19個陰曆年為354日×19=6726日,7個閏月為30日×7=210日,合計6936日,曆年長度即6936日÷19=365.05日,與回歸年的長度365.24日相當接近。後世對這一閏周又有改進。唐高宗麟德二年(公元665年)頒行的《麟德曆》(李淳風編製)廢除閏周,完全依靠實測和計算來協調回歸年和朔望月的關係。

在古典阿拉伯語中，日期有時就是按照這種方法給出的(參見第六章)。這在中世紀的歐洲也可看到，被稱為「波洛尼亞習慣」(*consuetudo Bononiensis*)，為那個城市的文書們所鍾愛；此外，每個月照例都有兩個不吉的日子，稱為埃及日，一個從月初開始計，另一個則從月末往回計。在古希臘的大多數城市，在20日或21日之後，日期反向計數。古羅馬標誌日期的方式很複雜，取反向計數，這我們將在第三章看到。

陽曆

儘管存在這樣的一些曆法，即把太陽到達天空一個固定點(現代伊朗和1957年以來的印度)或進入某一特定星座(1957年以前的印度)作為一年的開始，但是把1太陽年取為近似的整數值365日，這要容易得多。通常的做法是在360日的期限上添加5個「閏日」，或稱附加日；360日又按習慣上稱為「月」的單位細分，構成一個平年，添加的這些日子則往往被看作是不吉利的。

這是哥倫布到達美洲大陸之前的中美洲曆法和印度的帕西人[3]還在使用的瑣羅亞斯德[4]曆法的原理；

3 　帕西人(Parsi)為逃避穆斯林壓迫而自波斯移居印度的瑣羅亞斯德教徒後裔，住在孟買市和市北一帶及班加羅爾，以及巴基斯坦的卡拉奇等地。

4 　瑣羅亞斯德教(Zoroastrianism)，伊斯蘭教出現之前伊朗的主要宗教，

這些曆法將在第六章討論。這也是古埃及民用曆的原理，它是世界古曆中最早的曆法，在每月30日的12個月之後緊隨着5個閏日，埃及人稱之為「年尾的贅日」。在它之外，還有一種宗教儀式用的陰陽曆，每當陰曆年要在陽曆年之前開始時就在其中添加閏月；公元前4世紀，人們設計了一種25年裏加9個月的閏周。公元前6世紀，正是依照這個曆法給太陽曆的每個月份取了為希臘人和羅馬人所用的名字。

在人的一生，即使最長壽的人，也難以察覺1年取365天的差數，但是經過幾個世紀，日期與季節便會脫節了；人們稱此為 *annus vagus*，即「遊移年」。理論上曆年開始於天狼星的偕日升 —— 天狼星的埃及名字在希臘人聽來像「索希斯」（Sothis），這預示着尼羅河氾濫的開始，與埃及人的生活密切相關。然而，事實上與實際的升起相比，它幾乎每隔4年就有1天的提前（參見附錄一），換句話說，天狼星升起的日期有1天的滯後；而一當實際的新年與理論的年首一致時，例如公元139年7月20日，這一天就成了盛大的節日。

到了公元前4世紀，希臘天文學家已經察覺到埃及年太短；據老普林尼[5]（逝於公元79年）說，他們中

由瑣羅亞斯德（Zoroaster，約公元前628–約前551）創立，現存於伊朗偏僻地區並盛行於印度境內帕西人中間。

5　普林尼（老）(Pliny the Elder，23–79)，古羅馬作家。他在科學和歷史方面對西歐精神文明的發展產生了重要影響。

的一位 —— 歐多克索斯[6] —— 曾經設計了一種以4年為循環的陽曆，其中第一年為閏年，包含366日。支撐這一曆法的假設是地球自轉的週期為365日又6小時；事實上這比回歸年略長，而比恒星年略短。在公元前238至237年之際，埃及的馬其頓國王托勒密三世[7]敕令每逢第4年要添加第6個閏日；這項改革沒有實行，因為埃及的祭司不想按照外來統治者的訓諭採納附加的凶日，希臘的殖民者們倒是本該毫不懷疑、一體遵行的，但是他們並沒有採用埃及民用曆，而是仍在試圖令馬其頓的月份與當地的宗教曆法保持一致。

第6個閏日終於再次由凱撒大帝[8]（不久之後授予奧古斯都的尊號）於公元前30年自封為埃及國王時頒行。切實的詳情仍有爭議，特別是因為發現他在統治初期可能進行過曆法實驗；但是看來到公元前22年改革已在亞歷山大（嚴格意義上來說它只是在埃及「近旁」，而不是它的一部分）植根。埃及的其他地方花了更長的時間採納它；有些天文學家確實更鍾情於舊曆，因為

6　歐多克索斯（Eudoxus of Cnidus，約公元前400–前350），古希臘柏拉圖時代最偉大的數學家和天文學家。

7　托勒密三世（Ptolemy III Euergetes，活動時期約公元前246–前221），馬其頓人埃及國王。他的祖父托勒密一世隨馬其頓國王亞歷山大大帝佔領埃及後，於公元前305–前304年間在埃及稱王。他繼其父後成為埃及國王。

8　這裏指奧古斯都（Augustus，公元前63–公元14），原名屋大維，古羅馬帝國的第一任皇帝。在他長久的統治時期，羅馬世界達到和平與繁榮的黃金時代。

它更簡單，人們能直接講出兩次記錄日期的觀測之間經過的日數，而不必擔心其間是否有閏日。然而，確切的基督教復活節計算法正是根據被翻譯成羅馬用語之前的亞歷山大曆法（參見附錄二）；這一曆法至今仍然被科普特教會[9]和埃塞俄比亞教會（月份名稱不同）所採用。

太陽周

把4年的閏年週期和7日的星期結合起來，產生了28年的太陽周，在經過這些年之後，年份又開始於相同的星期日期，在閏年週期中佔據相同的位置。這個太陽周——它在復活節的計算中極為重要——在10世紀時於冰島成為曆法的一個單位，那裏一年包含實足52個星期，即364天，另外在28年裏附加5個星期，以彌補不足（參見第五章）。

9　科普特教會（Coptic Church），埃及國內主要的基督教會。

第三章
現代曆法的史前史和歷史

羅馬共和國曆

今天廣為人知和幾乎全球通行的曆法是經公元前46年儒略・凱撒(Julius Caesar)和公元1582年教皇格列高利十三世改革後的羅馬曆發展而來的產物。在第一次改革之前，它是一種不完善的陰陽曆，取平年為355日——多出一日——因為當時認為奇數是吉祥數字。出於同一原因，不同於通常的陰曆，它不包含30天的月份；2月有28日，但是其他所有月份都取奇數日，不是31日就是29日。

有6個月的名字以數字5到10稱呼，從3月起計數；但是，雖然傳統上以3月作為一年的開始，以2月作為結尾(由於它最短而且在這月舉行滌罪儀式)，一些歷史時期以1月作為第一個月，按門神雅努斯(Janus)的名字命名。雅努斯為兩面人，既瞻前，又顧後，而且在公眾祈禱中第一個向他祈告。羅馬人自己也察覺到了這種矛盾，不過也找不到令人信服的解釋，只能說羅穆路斯王(King Romulus)——這位傳說中羅馬城的創

建者——身兼士兵和治理者卻並非才智出眾之士，不曾操心把蕭瑟的冬天從12月到3月加以細分。

意大利的其他文化將月初和定在滿月的月中這兩個日子作為標誌日；羅馬人把它們分別稱為 *Kalendae*（Kalends，意即「每月第一天」）——這個詞來源於古老的動詞 *calare*（在現代意大利語中意為「下落」，也指日、月等「下山」——譯注），因為原先是在那一天宣佈新月——和 *Eidus*（Ides）——來源於埃特魯斯坎語[1]，意為「分開」，它在4個31日的月份（3月、5月、7月和10月）落在第15日，在其餘各月份落在第13日。但是他們還有第3個標誌日 *Nonae*（Nones），在31日的月份落在第7日，在其餘各月份落在第5日；我們說它們在 *Ides* 之前8日，但是羅馬人説來是在第9日（*nonus*＝第9），因為他們在計數時喜歡把起點也包含在內。（基督徒仍然説耶穌基督在第3天復活，算入了星期五、星期六和星期日；比較法國人的説法 demain en huit，「下星期的明天」[*demain* 意為明天，*en huit* 意為8日之內，以喻1星期——譯注]。）其他所有日子的名字都與下一個標誌日有關：前一日稱為 *pridie Kalendas/ Nonas/Eidus*，其他的稱為「之前第n日」，仍是把起計

1　埃特魯斯坎語（Etruscan language），古羅馬人的近鄰埃特魯斯坎人通用的語言。埃特魯斯坎人居住在意大利現在的托斯卡納地區，曾建立了繁榮的商業和農業文明，在公元前6世紀勢力達於極盛，後被納入羅馬統治。

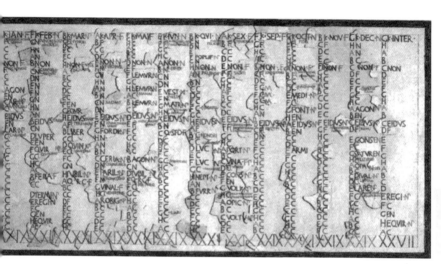

圖9　現存唯一的羅馬共和國時期歲時記，展示古羅馬儒略曆之前的曆法。豎列表示9日週期、標誌日、公眾事務是否適合進行，以及宗教儀式。*C(omitialis)*（拉丁詞，意為「人民集會的」—— 譯注）表示人民可以舉行集會選舉地方長官或通過法案，*F(astus)*（拉丁詞，意為「法院開庭的」—— 譯注）表示執政官能夠審理訴訟（所有C日也是F日），*N(efastus)*（拉丁詞，意為 「禁忌的」—— 譯注）或NP（原詞意義不明 —— 原注）表示執政官不能聽審，其他標誌表示他僅能在這日的部分時間聽審。

日包含在內，所以*Kalends*之後的那一日是31日月份中*Nones*之前的第6日（*ante diem sextum Nonas*，縮寫為*a.d. VI Non.*），是其他月份中*Nones*之前的第4日，等等。

曆法中的每一日均以字母A至H為標識，指示其在8日的集市週期中的位置，這在包含起計日的計量體系下稱為*nundinum*，即「9日週期」；一旦知道了任何集市的日期，這個日期旁的字母就指示一年中所有其他集市。其他標識表示在某一天是否有市民集會或者司法官審理訴訟；一些宗教慶典也按傳統而不是按現實的重要性作了記錄（例如參見圖9）。

為了使日期不致於與季節脫節，大祭司團（*pontifices*）不時地下令插入一個額外的27日的月份，這稱為「閏月」（*Interkalaris*或*Interkalarius*），在這個月中*Nones*在第5日而*Ides*在第13日。閏月加在2月23日（*Terminalia*）或者往後1日之後；2月的其餘日期則被刪去，這樣一年包含378日或377日。9日週期在閏月的*Kalends*中斷，但是隨後又如常實行，直至年末。

決定置閏並非根據科學的原則，而是出於政治的或其他的考慮（大祭司團成員本身也都是政客）；有時決定作得太晚，以致西塞羅[2]不得不在他的信中署上*Terminalia*之前的日期。認為額外的日子是凶日這種迷

2　西塞羅（Marcus Tullius Cicero，公元前106–前43），羅馬政治家、律師、古典學者、作家、演說家。

信非常流行，導致置閏在第2次布匿戰爭[3] 期間中止，以致於曆法比太陽超前了約4個月；公元前190年3月14日的日食被記錄在7月11日。當大祭司團再次啟動置閏時，他們又作了過量的補償，以致造成了下面的局面：公元前153年當軍事上的緊急情況迫使新的國家元首 —— 即執政官們 —— 立即就任、並着手部署春季戰役時，他們接任是在1月1日，而不是在自公元前222年以來就成為通例的3月15日。因為這天又是新年，從此以後就作為執政期的開始保留了下來。

無論如何這更方便了，因為羅馬人經常以執政官確定日期；例如儒略·凱撒出生於「7月的Ides之前的第4日，那時蓋約·馬略[4] 第6次和盧修斯·瓦勒留斯·弗拉庫斯(Lucius Valerius Flaccus)同為執政官」。按慣例換算為公元前100年7月12日，雖然我們不知道按迴溯的儒略曆(參見下一節)是否也在7月12日。

儒略的改革

公元前63年凱撒被選為大祭司長(*pontifex maximus*)，那時他是一名雄心勃勃的青年政治家，而

3　布匿戰爭(Punic Wars)，公元前3世紀和前2世紀時羅馬和迦太基之間的3次戰爭，以羅馬徹底征服迦太基告終。

4　馬略(Gaius Marius，約公元前157–前86)，羅馬共和國後期進入貴族統治階層的人物，以軍事才能和卓著戰功著稱。前109–前87年，先後7次當選為執政官。

不是一個軍事征服者，這樣他就成了置閏的負責人；在高盧戰爭[5]期間，只是當他未在高盧度過2月份的公元前55年和前52年這兩年，才實施了置閏，而在隨之而來的內戰期間，完全沒有置閏。結果，曆法又一次超前了太陽；直到公元前46年，凱撒戰勝了他的死敵之後，才得出空閒來採取決定性的措施。他下令不僅添加正常的閏月，而且在11月和12月之間插入兩個長的月份，一共包含67日。他把那一年 —— 正如一位羅馬晚期的作家所稱，混亂年代的最後一年 —— 擴展到445日，為了彌補在戰爭期間缺失的閏月。

從公元前45年往後，新曆法開始實施：4個31日的月份保持不變，但是29日的月份或增添了1日（4月、6月、9月、11月），或增添了2日（1月、8月、12月），這樣1年就包含了365日而不是355日。這些月份裏的Nones和Ides 未受影響；相反，Ides之後的那天成為Kalends之前的第18或第19日，而不是第17日。

不再需要閏月了；但是為了使年的節律與季節保持一致，設置了1個閏年，這年的2月24日重複1次。額外的這天稱為*ante diem bis sextum Kalendas Martias*，意即「3月的Kalendas之前第6日的重複」；正式的英語詞bissextile year和通常的法語詞*année bissextile*均源出於此，意思都是「閏年」。

5　高盧戰爭(Gallic War，公元前58–前50)，羅馬總督凱撒征服高盧的戰役。

凱撒的敕令説這額外的1日必須按quarto quoque anno插入，意思是「每4年」，但是由於大多數羅馬人把這句話理解成「每3年」，在他被刺殺之後，一直按每3年的閏期實行；直到公元前12年奧古斯都成為大祭司長，他通過消除公元前9年(這一年在正確的閏周和錯誤的閏周中都是閏年)之後的置閏改正了錯誤。他在公元8年重新啟動置閏，並確認往後按每4年的閏期執行。由於公元8年是在公元前45年的52年之後，後者也一定是一個閏年，猶如歐多克索斯的4年閏周中的第一年，確實就和現代在計算公元前的年份時應用凱撒的曆法無限期地迴溯所預測的一樣。因此我們稱儒略曆的第一天為公元前45年1月1日。那一天是星期五，即金星日(the day of Venus)。凱撒家族聲稱他們是維納斯的後裔，而主宰這天的金星這個慈愛行星其女神正是維納斯。(另一種説法是儒勒曆開始於平年的第2 天，這就不僅是認為奧古斯都犯了一個錯誤，而且無視星期六附着的惡運。憑着凱撒的公關意識，他是絕不會在這點上腦袋糊塗的。)

　　公元前44年，凱撒出生的那個月，7月，被重新命名為Iulius，以頌揚這個被神化了的獨裁者；公元前8年改正曆法錯誤的時候，8月這個他的繼承人打敗安東尼(Antony)和克婁巴特拉(Cleopatra)聯軍的月份被重新命名為Augustus。從此以後一直到1582年，這個曆法就這樣執行了下來，而沒有進一步的結構上的變更，

只有少許語言上的改變(例如*ante diem sextum Idus*[*Eidus*的拼法已經廢棄]改為*sexto Idus,*或後來為*Iduum*),和時而但並非永久性地以後來的一些皇帝的名字重新命名某些月份。以星期取代8日的集市週期和隨後的異教、基督教節日的一些變化都未影響到月份的長度和順序。

雖然羅馬帝國的希臘城市有它們自己的曆法,羅馬曆還是用來作為整個帝國範圍內的時間計量系統;但是到了公元5世紀,講希臘語的國民認為標誌日的體系過於麻煩,從而採取自前往後、從1日至31日或其他月份最後1日計數的方式。儘管教皇格列高利一世(Gregory I, 590–604)也這樣使用,但是它在拉丁區域的推行進展遠為緩慢;不過它還是成為了各種民族語言中的規範。由此,閏日移到了2月29日(參見加框文字)。

從凱撒到格列高利十三世

凱撒的改革假設一個太陽年長為365日又6小時,它比回歸年長11分鐘有奇;在128年之後,差異累積達到1日。如果按太陽從春分點到春分點來計量的話,差異略為短些,131年後達到1日。

春分日正是基督教會確定復活節的依據(參見第四章)。羅馬人慣用的春分日期3月25日(這是在改革之後確立的,但是源自早期希臘天文學家的推算,因為它適合於公元前3世紀而不是前1世紀)相對於真正的春分

閏日

+ 在凱撒的曆法中，法定的附加日 *a.d. bis VI K. Mart.*(拉丁語，意為「3月第1日之前6日那天重複1次」——譯注)落在我們應稱為2月25日的那天，緊隨在正常的 *a.d. VI K. Mart.*(拉丁語，意為「3月第1日之前6日那天」——譯注)，即24日之後；然而，在非官方的使用中這個次序正相反。後者反倒成為了西方教會除挪威和冰島之外主要的用法；這就要求把聖馬提亞[1]日在閏年從2月24日推遲到25日，而這至今仍是羅馬天主教會的規矩。然而，在英格蘭教會，由於當時的坎特伯雷大主教[2]的錯誤，這項延遲已在1684年取消，並由於政治原因從來沒有被糾正。
+ 當日期向前計數，捨棄以羅馬的標誌日為參照，閏日就是29日；這不僅為民用曆、而且也為東正教會所採用。2月29日在東正教中是聖卡西安[3]日。

1　聖馬提亞(Saint Matthias，活動時期1世紀)，據《使徒行傳》說，他是在猶大出賣耶穌後被選出取代猶大的門徒。
2　坎特伯雷大主教(Archbishop of Canterbury)，英國坎特伯雷大教區的大主教，在英國聖公會體制中又是全英格蘭的首主教。
3　卡西安(Saint John Cassian, 360–435)，基督教修士、禁欲主義者、神學家。著有《隱修生活規則》、《論道成肉身》等。

越來越滯後；在公元3世紀，真正的日期一般為21日，亞歷山大的教會正是採用它作的計算，後來這對於所有的基督徒來說變得確定無疑，但是其後它也日益顯得與實際不符。

從13世紀往後，差異已超過了一個星期，有人提出了改革的建議，原則是一次性扣除若干天數，此後不時地壓縮置閏，以便縮減超量的閏年數目。然而，正如我們將在下一章所見，那不足以改正復活節所在的日期；一方面，名義春分日與真實春分日之間的差異正是推動改革者的主要動因，另一方面，復活節推算的改變引發了對改革者工作的大部分敵意。

　　1476年偉大的天文學家約翰・米勒 —— 因為他來自於巴伐利亞的柯尼斯堡，大家通常叫他雷喬蒙塔努斯[6] —— 受教皇西克斯圖斯四世(Sixtus IV)之召前往羅馬，商討曆法改革，但他到達不久即逝世了。大約40年之後，教皇利奧十世(Leo X)把這個問題提交給若干大學，卻沒有得到任何回應。解決這一問題的任何希望因突然爆發的宗教改革運動[7]而中斷；這一運動極度仇恨教廷的管轄權，不能允許教皇有權改革凱撒確立下來的曆法，更不用說是為了一個並非《聖經》定下的節日了。路德[8]聲稱改革不是教會的事務，而是各基督教公國大公的事務；然而，為了避免混亂，尤其是

6　雷喬蒙塔努斯(Regiomontanus, 1436–1476)，德國天文學家和數學家，約翰・米勒(Johannes Müller)的筆名。

7　宗教改革運動(Reformation)是開始於16世紀初期的基督教改革運動，其宗旨在於根據《聖經》的教導，謀求基督教會在道德和教義上的純潔。它最終形成基督教的新教，在政治、經濟和社會各方面都產生了深遠影響。

8　路德(Martin Luther, 1483–1546)，16世紀歐洲宗教改革運動的發起者、基督教抗羅宗(新教)的創始人。

避免定期集市日期的混亂，各公國應該一起行動，否則就根本不動。這個意見對於德意志特別中肯，因為它分裂為許多小邦。

各基督教公國的大公們無所作為，從1545年開到1563年、事關羅馬教會改革的特倫托公會議對此也不理不睬。然而，這次公會議的最後一期會議把彌撒書和每日祈禱書——教會禮拜儀式用書——的修訂本提交給教皇時，無意間又一次觸及了這個問題。雖然這些修訂由庇護五世（Pitus V）正式執行（他1568年的每日祈禱書中包含對復活節陰曆的拙劣修正），但是他的繼任者格列高利十三世擴展了一般權力去改革這些禮拜書所依據的曆法。1578年他確立了一個進程，並於4年之後頒行了新的曆法，這個曆法至今仍冠以他的名字。

為了讓當時在3月11日左右的春分日再次回到21日，教皇下令1582年10月4日的翌日為15日；為了防止日後再生差異，取消世紀年（即以00結尾的年份）的閏日，除非它能被400整除的才是閏年。這不是最精確的改正，但是最方便，遠比採用其他週期更容易實施；它還有一個好處，就是1600年仍舊是閏年，第1個取消的閏年遠在1700年。這項改革的產物通常稱為新曆。

採納和拒絕新曆

當教皇格列高利的訓令詔告各地之時，不僅教廷

的權威不為新教徒所承認，甚至在羅馬天主教國家也冒出了強調世俗權利的聲浪。在教皇國[9]之外，是世俗的權力當局推行改革。意大利各城邦和西班牙即時遵行——所以阿維拉的聖特雷薩[10]在1582年10月4日逝世，而在15日下葬，但是在教皇的干預普遍受到敵視的法國，(令教皇感到不快的是)亨利三世(Henri III)關於調整日期適應新曆的要求在國會遭到強烈反對。只是到了12月份改變才得以實行，9日(那一天在國王率領下舉行了隆重的遊行儀式，為王儲祈禱)之後緊接着20日。在有些國家推行新曆還要更晚。

由於兩方面的原因新曆頗受排斥，一是它改變了古老的習俗，二是它攪亂了農村傳統的年節和關於天氣的諺語。有一首德國諷刺歌曲唱道，最糟糕的是教皇干擾了聖烏爾班[11]日(5月25日)，而這一天是葡萄酒是否豐收的指示標。如果那天天晴，意味着葡萄豐收，農民盡興地把葡萄酒喝個夠，並灑酒在聖人的塑像上；如果那天陰雨，預示着葡萄歉收，他們就把他的塑像丟在污泥中滾一滾，或者把它拋入河中。現在的情況是，要不按照日曆在10天之後奉行習俗，要不完全放棄，他們要在這兩者中抉擇。

9　指教皇在756–1870年間擁有主權的意大利中部領土。

10　聖特雷薩(Saint Teresa of Ávila, 1515–1582)，又譯德肋撒，天主教奧秘神學家、著名女信徒，有重要靈修著作，倡導教會改革。

11　聖烏爾班(Saint Urban I, ? –230)，意大利籍教皇(222–230在位)。

除了荷蘭的兩個省份荷蘭省(它消除1582年12月16日至24日)和澤蘭省(它消除1583年1月2日至11日)之外，整個非天主教世界保留儒略曆。東正教(和英國高教會派信徒)宣稱「尼西亞[12] 318聖父」的曆法不能更改，除非由主教特別會議通過；新教徒雖對尼西亞會議的決議不屑一顧，卻反對說應該把春分日(如許多羅馬天主教教徒所期望的那樣)放在和凱撒時期一樣的3月25日，何況陰曆查定表亦非十分精確，但是歸根結蒂這些無非都是排斥教皇的托詞。即使在羅馬教廷的統治之下，希臘人的威尼斯領地仍保留儒略曆，正如波蘭聯邦的東正教徒(和「東儀天主教會信徒」)之所為。

　　在英國，睿智的伊麗莎白一世[13] 既能察覺到改革的好處，也能相當明智地接受勸諫；她的大臣們也都贊同，但是她的主教們卻不肯同意。當時頂級的數學家兼占星術士約翰·迪[14] 計算出從基督降生以來已悄悄地多出了11日又53分鐘，提出在1583年從1月至9月

12　尼西亞(Nicaea)，今土耳其境內伊茲尼克，在古代為尼西亞城。基督教會的第一、第七兩次普世會議曾在此舉行。第一次會議所公佈的《尼西亞信經》是唯一為天主教、東正教、英國聖公會和基督教新教主要派別共同承認的基督教信仰宣言。

13　伊麗莎白一世(英格蘭的)(Elizabeth I of England, 1533–1603)，英格蘭歷代最偉大的君主之一，1558–1603年在位。在位期間對英格蘭的管理作出重要貢獻，尤於最後15年形成繁榮景象，出現了莎士比亞、培根等許多著名作家。

14　約翰·迪(John Dee, 1527–1608)，英國煉金術士、占星家和數學家，對英國數學的復興有重大貢獻。

消除每月的最後1天，再消除10月的最後2天，這樣英格蘭將為其他基督教國家樹立一個榜樣，即使教皇也將仿效。這是英格蘭曆法例外論幾種方案中的第一個，比1621年由托馬斯・利迪亞特（Thomas Lydiat）提出的592年週期合理得多；後者的根據是猶太曆而不是羅馬曆，雖然贏得了一些名聲，但無人遵行。

17世紀初新曆的推行取得了小的進展，例如被普魯士公國和瑞士的瓦利斯州所採納，但是隨著1700年的臨近，大多數新教徒仍舊使用儒略曆，眼看差異要從10日擴大到11日。這一前景導致荷蘭人、德意志人、丹麥人和大多數瑞士新教徒採用新曆（雖然他們未採納格列高利曆的復活節；參見第四章）。瑞典試圖通過消除1700至1740年間的11個閏日來無痛苦地推行新曆。1700年的閏日適時地消除了，但是1704年和1708年的卻沒有；因此在波爾塔瓦決戰[15]中敗於俄國的日期，據英國和俄國歷史學家按舊曆所記是1709年6月27日，在大多數其他國家按新曆所記是7月8日，但是按瑞典曆法卻發生在6月28日。由於害怕這次災難是天神對妄改曆法的憤懣所致，瑞典人於1712年在2月加上第30日，又恢復了儒略曆。

改革英國曆法的一項建議成了泡影，其中相當重

---

15 波爾塔瓦戰役（Battle of Poltava, 1709.7.8），俄國與瑞典的北方大戰中，俄國彼得大帝對瑞典查理十二世的決定性勝利。這次戰役結束了瑞典的大國地位，並標誌俄國稱霸東歐的開始。

要的原因是敵視教皇的數學家約翰·沃利斯[16]的強烈反對。他的許多發現中的一項即是，復活節可以通過天文觀測確定，而不必改動民用年份——這正是瑞典會在1740年採納的方案。另一個重要原因是當時還是一個獨立王國的蘇格蘭可能不會遵行，因為蘇格蘭教會拒絕慶祝復活節這個不見於《聖經》記載的節日，從而也沒有理由要關注春分日。但是1707年的聯合[17]消除了說服兩國議會的需要，改革曆法的幾個建議被提了出來，有些相當激進和領先於其時代，無視與歐洲大陸的關係這種實際需求。

採用新曆成了唯一合情理的改革。它終於由1751年的一項議會法案通過實施，規定消除從1752年9月3日至13日的11日（參見圖10），並把英國的年首從3月25日移到1月1日，以與蘇格蘭以及大多數其他國家一致（參見第59頁加框文字）。

這個法案區分兩類事件，一類如教會的節慶，在「名義上的日期」舉行，另一類如農產品集市、租約的終止、年齡的計算等，要延後到「自然的日期」：

---

16 約翰·沃利斯(John Wallis, 1616–1703)，英國數學家。他對微積分的發源有重大貢獻，是牛頓以前英國最有影響的數學家。

17 英格蘭和蘇格蘭的聯合。自1603年起，英格蘭和蘇格蘭由同一君主分別統治，但各自有自己的議會和法庭。1707年雙方簽訂聯合成為大不列顛的條約，成立聯合議會，但保持各自的法律和法庭。聯合於5月1日生效。

這樣1752年的米迦勒節[18]是在新曆9月29日，可是米迦勒節的集市要到10月10日才舉行。這導致了一些不正常情況的出現，要求制定額外的法規：例如在切斯特[19]，在聖丹尼斯日（10月9日）之後的星期五舉行的市長慶典伴隨集市，1751年的法案要求前者在後者之前11日舉行。於是一個修正案匆忙被提了出來，附在涉及家畜瘟疫的法案之中。

在1752年下半年，為了兩個從1710年以來就未受到爭奪的牛津郡的席位，各方展開了前所未有的激烈競選，儘管投票要到1754年才舉行。挑戰現有「舊勢力」（作為反對黨的保守黨人）的「新勢力」（親政府的輝格黨人）候選人之一是帕克爵士（Lord Parker），他是法案的設計人麥克爾斯菲爾德伯爵（the Earl of Macclesfield）的兒子。這使得新曆在1753年的頭幾個月裏成為了一個話題；此後人們雖然對此喪失了興趣，但是在牛津郡發生的過火的行為啟發了賀加斯[20]創作《議會賄選》諷刺組畫。其中的第一幅《選舉招待會》（圖11）上畫有一張被丟棄又遭踐踏的招貼，上面

---

18 米迦勒節（Michaelmas），基督教節日，紀念天使長米迦勒。西派教會定在9月29日，東正教會定在11月8日。在中世紀米迦勒節是隆重節日，其日期恰逢西歐許多地區秋收季節，不少民間傳統都與它有關。

19 切斯特（Chester），英國英格蘭柴郡的城市，是該郡行政、商業和宗教中心。

20 賀加斯（William Hogarth, 1697–1764），英國油畫家、版畫家和藝術理論家，在肖像畫、風俗畫和歷史畫方面有巨大貢獻。

September hath xix Days this Year. 1752

First Quarter, *Saturday* the 15th, at 1 aftern.
Full Moon, *Saturday* the 23d, at 1 aftern.
Last Quarter, *Saturday* the 30th, at 2 aftern.

1	f	Giles Abbot	5	38	6	22	secret	☐ ♃ ☿	5
2	g	London Burre	5	40	6	20	memb.	Wind,	6

ACcording to an Act of Parliament passed in the 24th Year of his Majesty's Reign, and in the Year of our Lord 1751, the Old Style ceases here, and the New takes place; and consequently the next Day, which in the Old Account would have been the 3d, is now to be called the 14th; so that all the intermediate nominal Days from the 2d to the 14th are omitted, or rather annihilated this Year; and the Month contains no more than 19 Days, as the Title at the Head expresses.

14	e	Holy Cross	5	42	6	2	thighs	and stor-	7
15	f	Day decreas'd		45		2	hips	my Wea-	8
16	g	4 hours		46		18	knees	ther,	☽
17		15 S. aft. Tri.		48		1	and	Fair and	10
18	b	Day br. 3. 45		50		14	hams	seasonab.	11
19	c	Clo. flow 6 m.		52		12	'egs	☌ ☉ ☌	12
20	d	Ember Week		54		10	ancles	☌ ♀ ☿	13
21	e	St. Matthew,		56		8	feet	Rain and	14
22	f			56		6	toes	Windy.	15
23	g	Eq. D. & N.	5	58		4	head	☌ ☉ ☌	●
24	A	16 S. aft. Tri	6	0		2	and		17
25	b	Day dec. 4, 34		2	6	0	face	☐ ♃ ♀	18
26	c	S. Cyprian		4	5	58	neck	☌ ☉ ☿	19
27	d	Holy Rood		6		56	throat	Inclin. to	20
28	e	Clo. flow 9 m.		8		53	arms	☌ ☌ ☿	21
29	f	St. Michael		10		50	should.	wet, with	22
30	g	St. Jerom		12		48	breast	Thunder.	☾

圖10　1752年的一頁曆書，顯示9月份只有19日

寫着「還我們十一天」。這張招貼曾經引發關於發生了反對新曆的騷亂這類流言；騷亂倒真的發生過，不過那是反對猶太人入籍這一政令，政府剛剛頒佈就遭受脅迫要求將其撤銷。

1753年瑞典終於採用新曆，消除了2月的18至28日。高度背離羅馬教廷的格里順州(Grischun，或稱格勞賓登州，Graubünden，1803年之後才併入瑞士)的新教徒在1784年才加入這個行列，而蘇什鎮(Susch在德語中為Süs)更是於1811年在拿破崙軍隊的脅迫下才採納新曆。從那時起，新曆在新教徒中如同在羅馬天主教徒中一樣得到了普及。

20世紀以前沒有任何一個東正教國家接受改革，即使是為了民用的目的，但是保加利亞消除了1916年的4月1日至13日，隨後蘇維埃俄國、塞爾維亞和希臘都採取了類似的國家行動。這些行動使得人們開始重新審視新曆問題。

1923年5月，一些教會就一個「經過修正的儒略曆」達成了一致，這包括以下三項改革：

(1)消除1923年10月的前13日；

(2)世紀年置閏的條件應改為，當以900去除，餘數為200或600時(這條規則遠較格列高利曆精確)；

(3)與復活節的日期有關的滿月，不應該按照傳統的規則(參見第四章)、而是要按照耶路撒冷的子午線確定。這最後一項改革以失敗而告終。至於另外兩

項，第一項沒有能及時實行，在許多地方至今還未這樣做。希臘教會——在聖山[21]的自治區域除外——在國家的壓力下採納了改革，消除了1924年3月10日至23日；同年晚些時候，羅馬尼亞國家和教會接受了這項改革。但是保加利亞教會直到1968年才作出改變，而俄羅斯、塞爾維亞、馬其頓和格魯吉亞的教會，與耶路撒冷和波蘭的東正教一起，對於固定的節日仍使用儒略曆，即使按照民用日期應推遲13天。在希臘慶祝聖誕節與西方世界是同一日，但是在這些國家卻到了1

---

21 聖山(Mount Athos)，希臘北部希臘正教教會所在地。聖山地區方圓336平方公里，首府卡裏埃。目前，這一地區實際上的行政權掌握在修士代表組成的神職會議手中。

圖11　賀加斯的版畫《選舉招待會》，畫面上有「還我們十一天」的招貼和一個懸吊着的猶太人模擬像，隱喻現實中騷亂的真實起因

月7日，這樣就在民用曆的新年之後。新年作為非宗教節日在蘇聯的慶祝隆重熱烈，相形之下聖誕節則黯然失色。

第二項改革(一些西方人錯誤地認為這是蘇維埃政權所推行的)的普遍採納只體現在紙面上；2000年和2400年在這兩種曆法中都是閏年，但是2800年按格列高利曆將是閏年，而按照修正的儒略曆則不是，只有到那時才會知道這條新規則是否會實施。

第四章
復活節

　　復活節意在紀念耶穌基督的復活，歷史上是基督教所有節日中最重要的一個；現在在東正教裏它仍保持其宗教意義，儘管在一些西方國家它已在很大程度上失去了這種意義。然而，它值得廣泛深入地討論，不僅因為它往往既是公眾的又是宗教的節日，或者因為它的日期實在是變幻莫測，即使基督徒也可能受其困擾，而且因為復活節的推算史顯示出時間計量的諸多錯綜複雜之處。

　　復活節起源於猶太教的逾越節，在希伯來語裏稱為pesaḥ，但是在阿拉米語，即在羅馬人統治下的巴勒斯坦地區猶太人的通用口語裏稱為pashā，後者在希臘語裏又變成了páscha。（由此產生了英語形容詞Paschal[意指「逾越節的」或「復活節的」]；「復活節」[Easter]的名字是由一個德意志的節日轉用而來。）在《聖經》時代，逾越節是指在Nisan月[1] 14日宰殺逾越節的羔羊；羔羊在黃昏時食用，這按猶太人的計時

1　這是猶太曆中的第7個月份，參見第六章；其餘類似月份，均請參見有關章節，不再一一列注。

法則是15日的開始，因此這也是為期7天的除酵節的開始。

據《約翰福音》記載，耶穌上十字架發生在Nisan月14日的白天；這個日期看來比其他三部福音書所説的15日更為可信，因為15日會受到訴訟活動的褻瀆。因此很自然地，早期的基督徒——他們中的許多人還是猶太人——要在Nisan月14日紀念耶穌蒙難，把耶穌看作為救贖人類而犧牲的上帝的羔羊。在希臘語裏*páscha*與動詞*páschein*有關，後者的意思就是「受難」，這更容易讓人產生這樣的聯想。即使是在基督教於很大程度上成了非猶太人宗教、大多數基督徒早已放棄這一習俗之後，在小亞細亞，由於人們承認聖約翰的權威，它還繼續得到奉行。這一堅持最終被歸為異端，稱為十四日教派。

然而，由於耶穌在星期日復活，那一天被作為每星期中的節日來慶祝。隨着時間的推進，慶祝耶穌復活成了常規，而不再保持耶穌蒙難的周年祭典；在東方各省，這一天是逾越節後的星期天，在其他地方是由獨立計算求得的一個日期之後的星期天，既是為了避開與猶太人的關聯，也是因為慶祝之前戒齋的習俗正迅速流行開來，這要求事先知道日期。為此必須求得陰曆1月的第14日，簡稱*tessareskaidekátē*，即希臘語的「第14」，但是在拉丁語裏為*luna quartadecima*，字面的意思是「第14個月亮」，下文縮寫為*luna XIV*。一當

*luna XIV*被求得，也就必須確定它之後的那個星期日。作這類計算的方法稱為computus。

復活節的期限

從3世紀以來，大多數教會同意復活節應是*luna XIV*之後的星期日；但這僅僅是開始。兩個原則性的問題依然存在：陰曆1月何時開始，以及如果*luna XIV*正是星期日，那麼是在那一天慶祝復活節呢，還是在下一個星期日？選擇後者是為了與猶太人相區別，他們還沒有採用使Nisan月14日永遠不會為星期日的規則。後一選擇成為了更為廣泛地實行的習俗。在羅馬，耶穌受難日為Nisan月14日的觀念導致*luna XIV*即使是在星期六復活節也會被延期，這樣節慶就永遠不會早於陰曆月份的第16日（*luna XVI*），而復活正是那天發生的；於是復活節最遲可能到22日（*luna XXII*）。另一方面，有一點至關重要，即復活節不能落在4月21日之後——這一天是紀念羅慕路斯建城的帕里斯節[2]，以免基督徒被迫在民間節日期間戒齋而遭受敵視或誘惑。陰曆的期限即陰曆月份的16日至22日和陽曆的下限4月21日都出現在基礎年份222年的一部曆書中；這

2　帕里斯節（the day of the Parilia），古羅馬節日，定在4月21日，奉祀保佑牛羊群的男女神帕里斯。

一曆書用希臘文鐫刻在一把現在立在梵蒂岡圖書館樓梯腳旁的石椅上。

在這部曆書中，復活節最早可能落在3月18日；但是基督徒開始埋怨猶太人不再遵循他們自己制定的規則，即逾越節不能超前於春分日。這一指控一方面是由於對猶太規則的誤解，但另一方面是由於不同的猶太社會之間習俗的明顯差異(參見第六章)。但是，如果說猶太教的逾越節不應該超前於春分日，那麼基督教的復活節也不應該這樣；到4世紀時，羅馬教會看來就持有這個觀點(當時春分的日期還是取為3月25日)，儘管它在實踐中不能維持。

亞歷山大城採取了更嚴格的規則，即*luna XIV*本身，也就是逾越節這個日子，不能超前於春分，春分日則(更加精確地)等於Phamenoth月25日=3月21日；另一方面，沒有下限，因為4月21日(在當地為Pharmouthi月26日)沒有特殊意義。

早期的復活節週期

在用於確定*luna XIV*的方法上也存在着一些差異，雖然這並非是基於宗教信條；其中許多方法遠遠落後於天文學已經達到的科學標準，因為它們對天文學與占星術的關係存有疑慮。最早的方法是*octaeteris*，即8年週期，其中陰曆月份交互地取30日和29日，民

用曆的閏日也作為太陰月中的一日來計算，包含30日的閏月則加在第3、第6和第8年。這意味着民用曆的8年切實與8個陰曆年匹配，包含2922日。梵蒂岡那把石椅上的曆法按此原則計算了往後112年的日期。可惜，由於99個事實上的太陰月並不包含2922日，而是2923½日多一點，這一曆表很快就被發現不夠準確。一位拉丁學者以新的日期作了修正，從公元243年起實行，但是他依據的仍舊是這同一種有缺陷的原則。更為精確一些的是84年週期的查定表，它的優點是包含完整的星期數，所以每個週期開始的一日與前一週期對應同一個星期幾。在一個週期之內，有31次置閏，每當歲首月齡——即陽曆1月1日迴溯至陰曆當月初一的日數——超過19時進行；閏日並不另外作為太陰月的日期來計算，而且為了使陰曆週期與陽曆週期協調一致，要消除6個陰曆日期。這種消除被稱為*saltus lunae*，即「月亮的跳躍」，因為月齡跳過了中間值，例如從20到22；這或是每14年進行一次，如在由一個叫奧古斯塔利斯(Augustalis)的羅馬人制定的、看起來出自3世紀非洲的曆表裏就是這樣(這一曆表允許慶祝*luna XIV*並同意復活節落在3月16日)，或是每12年進行一次，直到第72年，如在4世紀的《羅馬算法》中一樣(這本書非常粗劣，其中某些年份會有兩個合法的復活節，而在其他年份則一個也沒有)。

亞歷山大的解決方案

在亞歷山大城，舊的8年週期早已被棄置不用，人們鍾情於19年7閏的默冬章；雖然確切的發展過程不能肯定，但是最晚在323年，復活節的算法（computus）達到了其最終形式（參見附錄二）。它的依據是一種偽猶太曆，其中*luna XIV*落在Phamenoth月25日（3月21日）的春分和Pharmouthi月23日（4月18日）之間。由於當天禁止慶祝，但在次日則不禁止，因此復活節可能的最早日期是Phamenoth月26日（3月22日），而最晚日期是Pharmouthi月30日（4月25日）。

與《羅馬算法》相比，亞歷山大的週期為每年提供了一個而且僅有一個合法的復活節，但是由於不像84年查定表，它不能與星期通約，一旦確定了*luna XIV*的日期，就必須每次都要確定之後的那個星期日。這是通過計算一個變量來實現的，而這個變量被稱為「諸神之日」。這雖是一個異教的和占星術的名稱，亞歷山大教會卻認為沒有必要去改變它。雖然復活節的日期通常按95年的間隔重複出現，但是完全的重複則要經過532年的週期。

亞歷山大的牧首形成了一個慣例，每年發送通告，通知復活節的日期，並就當前時世對教會事務發表評論。到了4世紀中葉，牧首們宣稱，公元325年的尼西亞會議——這次會議的召開是為了討論一個棘手

的異端邪說 —— 已經把為廣大基督徒確定復活節日期的任務委託給了他們。這並不是真的，不過那之後不久君士坦丁大帝[3]就下詔，救令基督徒不得「與猶太人共慶」與逾越節日期同一天的節日。儘管如此，亞歷山大教會日漸贏得了信任。到公元360年，米蘭教會開始採用亞歷山大的復活節日期，而不用羅馬的；在5世紀早期，甚至羅馬也一般遵循亞歷山大的日期，只要它不晚於4月21日。

到了6世紀中葉，使用與亞歷山大稍有不同的默冬章的君士坦丁堡調整了月亮「跳躍」的位置，於是在一切情況下都能得到與亞歷山大相同的復活節日期。亞美尼亞教會和主要的兩個講古敘利亞語的教會都只採納了部分改革，於是在532年的週期中有4年它們的復活節落在（儒略曆的）4月13日，而君士坦丁堡的則落在6日。產生分歧的第一年是公元570年，最後一年是1824年；下一次這種情況預計將發生在2071年。在耶路撒冷的希臘人和亞美尼亞人社區時而會因為這一分歧而大打出手。

維克托利烏斯和狄奧尼西

復活節羅馬陽曆的期限4月21日在公元444年遭到

3　君士坦丁大帝（Constantine the Great，3世紀80年代晚期–337），第一位信奉基督教的羅馬帝國皇帝。他將拜占廷城改名為君士坦丁堡，作為永久性首都。

違反，那一年教皇利奧一世(Leo I)受人勸諫而採納23日；之後在455年，儘管極不情願，他又採納了24日。由此造成的結果是，拉丁語世界的首席數學家阿基坦[4]的維克托利烏斯(Victorius of Aquitaine)受委託為天主教會編製新的復活節查定表。他的表跨度達532年，聲稱遵循亞歷山大城的原則，完全拋棄了羅馬的84年週期和陽曆期限；但是他把月亮的「跳躍」放在週期的第6年而不是第19年，讓 *luna XIV* 落在3月20日與4月17日之間，又在它落到星期六時，給出不同的「拉丁」和「希臘」日期，並拒絕支持4月25日為復活節。

結果是一團糟：對於公元482年，他給出拉丁日期4月18日，這一天是 *luna XV*，而希臘日期為4月24日（一個星期六！），這一天是 *luna XXII*，這兩個陰曆日期對它們各自的教會來說都是無法接受的。這些查定表後來遭受了來自各方的嘲笑批評；不過它們還是在拉丁語世界被廣泛應用，因為它們看來能給出無論何時的復活節日期，而且保留着相應於1月1日的歲首月齡和星期幾的方便對照。

然而，由於維克托利烏斯放棄了羅馬的傳統，又未能與亞歷山大或君士坦丁堡達成一致，在羅馬，人們似乎仍舊對曆表不滿意。501年，當時羅馬和君士坦丁堡的教會正鬧分裂，教皇西馬庫斯(Symmachus)

4　阿基坦(Aquitaine)，法國西南部歷史上的著名地區。羅馬皇帝奧古斯都(公元前27–公元14在位)定之為羅馬行政區。

按照《羅馬算法》在3月25日過節,而不是按亞歷山大和維克多利烏斯的日期4月22日;525年,分裂平息之後,修士小狄奧尼西[5]應邀編製新表。他只是把亞歷山大的查定表延續了95年,從原來的532年延長到626年,從而徹底告別了羅馬的傳統。

狄奧尼西的查定表(參見圖12)呈現為5個19年週期,每一個列為8欄:公曆年份、年期[6](參見第七章)、歲首月齡、星期換算數、太陰周、*luna XIV*、復活節、復活節的陰曆日期。這些欄中的最後3個是不譬自明的;太陰周依照的是君士坦丁堡的版本(比亞歷山大的滯後3年),參列其中純粹為了作比較。歲首月齡依據的是亞歷山大的,星期換算數相應於「諸神之日」;但是這兩個名詞都沒有加以說明,以致於後來的使用者不得不自己解出它們的意思。事實上,人們根本不清楚究竟狄奧尼西本人是否都明白它們是甚麼:他能夠相當容易地推斷出它們的數值,而作為一個講求實際的人,他可能未再深入探究。要知道他的另一主要成就是編製了教會法規,這要求他博學和勤奮,而不是目光深遠,因此也就可以理解為甚麼他的查定表是精確的,但在說明上是有缺陷的。

---

5 狄奧尼西(小)(Dionysius Exiguus,約500–約560),西徐亞出生的教會法學者。他既是神學家,又是有造詣的數學家和天文學家。他制定的新的復活節日期查定表廣為採用,從而使據說由他創立的基督教曆法風行各地。

6 羅馬帝國15年徵稅週期中的某一年。

圖12　6世紀小狄奧尼西復活節查定表的鑲嵌圖。每個扇形面包含的欄目顯示：公曆年份、年期、歲首月齡、星期換算數、在拜占廷太陰周中的位置、luna XIV的日期、復活節的日期、復活節的陰曆日期。

　　雖然是受了正式的委託，但是狄奧尼西的查定表經過了一個多世紀才在羅馬取代了維克托利烏斯的表，在其他地方花的時間甚至更久。維克托利烏斯的查定表是永久性的，遵循傳統的形式，而且看起來容易理解（細查的時候缺陷才會暴露出來）；狄奧尼西的表在95年後需要重新計算，忽視1月1日，而且難以理

解。在塞維利亞的伊西多爾[7]時期，即7世紀初，人們依據經驗發現歲首月齡相當於3月22日的陰曆日期；在8世紀初聖人比德[8]觀察到星期換算日（即通常所稱的「星期換算數」）與3月24日是星期幾相匹配。從此以後，這些解釋在西方的著作裏已成為標準，而人們往往認為它們都出自亞歷山大。

島國的復活節

在不列顛諸島，復活節的計算根據完全不同的法則，來自稱為Latercus的查定表（這是一個按不規範的拼寫形成的拉丁詞）；這個查定表被認為出自4世紀中期的蘇爾皮西烏斯·塞維盧斯[9]。它基於84年週期，月亮的「跳躍」按14年的間隔進行；復活節最早的陽曆期限是3月26日，最晚是4月23日，陰曆期限是*luna XIV*至*luna XX*，所以當*luna XIV*落於星期日時，那一天就是復活節。其他地方的基督教會瞭解此情後，深為驚駭反感。

陽曆的上限是拉丁春分日的後一天；其他期限採

7　伊西多爾（塞維利亞的）（Saint Isidore of Seville，約560–636），西班牙基督教神學家、最後一位西方拉丁教父、大主教、百科全書編纂者。

8　比德（Saint Bede the Venerable, 672/673–735），盎格魯–撒克遜神學家、歷史學家。他提出以基督的生年作為紀元，現已為世界通用。

9　蘇爾皮西烏斯·塞維盧斯（Sulpicius Severus，約363–約420），高盧人，早期基督教虔修士、當時高盧和羅馬歷史的主要權威。

用自奧古斯塔利斯制定的曆表。新穎之處在於陰曆。它放棄了大月和小月的交替：結束於陽曆1月的那個大月之後連續接着3個小月；其餘每一個陰曆月份包含的日數比它結束於其中的那個陽曆月份少1日。Latercus查定表審慎地選擇初始的歲首月齡，保證了為每一年給出單一的復活節日期，這一點類似於亞歷山大的算法，而不同於奧古斯塔利斯或《羅馬算法》。

當6世紀末聖科爾曼，即班戈(原在愛爾蘭的唐郡境內)的聖高隆班[10]離開愛爾蘭前往高盧時，他的Latercus查定表觸犯了當地教會，後者當時遵循的是維克托利烏斯查定表。高隆班給教皇格列高利一世寫了一封言辭卑謙但固執己見的信，為自己的做法辯護。在信中他宣稱：愛爾蘭國內的學者拒絕採用維克托利烏斯的查定表，認為它為可悲之物，不值一哂(這一評語與狄奧尼西和比德的相比已算是寬容)；在*luna XXI*慶祝復活節是不恰當的，更不用提在*luna XXII*了，因為在這一慶祝光明戰勝黑暗的盛典上月亮不應該在午夜之後升起；而且與猶太人在同一天慶祝也不是問題，因為逾越節不是屬他們的，而是屬上帝的(《聖經·出埃及記》第12章11節)。

10　高隆班(Saint Columbanus，約543–615)，愛爾蘭人，凱爾特基督教傳教士。他博學多才，精通拉丁和希臘古典作品。(原作者可能把他與科爾曼混同為一人，前者也是愛爾蘭僧侶，但出生於605年，參見第81頁譯注2。)

與此同時，教皇派人至英格蘭傳教，把羅馬的做法引入南英格蘭，與布立吞人[11]在此問題和其他事務上產生了衝突。在7世紀，維克托利烏斯和狄奧尼西的查定表都在愛爾蘭取得了某些進展，特別是在南部(雖然對Latercus的歲首月齡的記憶在西柯克郡一直保留至19世紀中期)，但是由哥倫西爾(Colm Cille，聖科倫巴[12])建立的愛奧納隱修院和與它有關的其他隱修院堅定不移地堅持Latercus，他們的傳教團又從那裏將它帶到諾森布里亞。

兩種習俗的不同在諾森布里亞宮廷內造成了困擾，那裏受愛爾蘭教育的國王奧斯威[13]與肯特公主安弗萊德(Eanflæd)聯姻，後者是按羅馬傳統教養長大的。比德的記載說有時當國王正在過復活節時，王后還在慶祝棕枝主日[14]。在Latercus詳細地為人們所瞭解之前，這被認為是由於他在luna XIV落於星期日時也過復活節的一個偶然事件；事實上，在問題解決之前，這

---

11 布立吞人(Briton)，公元6世紀以前居住在不列顛島南部的凱爾特居民，可能在公元前7或前6世紀開始來到不列顛島。

12 科倫巴(Saint Columba，約521–597)，愛爾蘭基督教教士。約563年與門人在愛奧納島上建成教堂和隱修院，作為向蘇格蘭傳教的據點。據說蘇格蘭信奉基督教主要是靠他的努力，因而被尊為聖徒。

13 奧斯威(Oswy, 612–670)，諾森布里亞的盎格魯－撒克遜國王(655–670在位)。

14 棕枝主日(Palm Sunday)，基督教節日，聖周的第一天，也就是耶穌復活節前的星期日，紀念當年耶穌基督在眾人歡呼簇擁之下進入耶路撒冷。

至少在他們結婚後一半的年份內發生過，但原因從來都不是他們認為的那個。分歧主要源自他們在陰曆上的差異，有時則由於他們在陽曆期限上的差異；對於他們兩人來說沒有一年*luna XIV*是在同一天，不論它是在星期日還是在一星期中的其他日期(參見加框文字)。

到664年奧斯威國王和他王國的教士們已覺得不能容忍。他們在惠特比召開了一次教會會議[15]以決定在復活節的計算和教士的削髮儀式上，究竟是遵循凱爾特的還是羅馬的傳統；與羅馬人剃頭頂的削髮儀式不同，凱爾特人剃掉前額至耳朵的所有毛髮。

林迪斯凡的科爾曼[16]主教力主採用凱爾特方式，而後來成為約克主教的威爾夫里德[17]則竭力支持羅馬的方式。後者主導了這場辯論；他威嚇可憐的科爾曼，辱罵聖科倫巴，曲解事實，但最終以這是聖彼得的做法這類虛幻的論斷鎖定了辯論的勝局。奧斯威國王選擇了羅馬的方式，理由為是聖彼得而不是聖科倫

15　惠特比會議(Synod of Whitby)，盎格魯－撒遜族諾森布里亞王國公元663–664年舉行的教會會議，目的在於在凱爾特禮儀和羅馬禮儀之間決定取捨。會議通過國王奧斯威的決定，採用羅馬禮儀。此後英格蘭其他各地紛紛接受羅馬禮儀，使英格蘭教會與歐洲大陸教會緊密相聯。

16　科爾曼(林迪斯凡的)(Saint Colmán of Lindisfarne，約605–676)，早期愛爾蘭基督教會教士。他作為凱爾特派領袖，反對惠特比會議決定採用羅馬教會禮儀的決議。

17　威爾夫里德(Saint Wilfrid, 634–709/710)，英格蘭基督教教士。在664年的惠特比會議上鼓吹廢除凱爾特教會的禮儀，而採用羅馬教會禮儀。曾任諾森布里亞大主教。

奧斯威國王的島國復活節與安弗萊德王后的羅馬復活節

M=3月，A=4月

年	島國復活節陰曆日期		羅馬復活節陰曆日期	維	狄	年	島國復活節陰曆日期		羅馬復活節陰曆日期	維	狄
643	6A	XV	13A	XIX	XVIII	653	14A	XIV	21A	XVIII	XVII
644	28M	XVII	4A	XXI	XX	654	6A	XVII	13A	XXI	XX
645	17A	XVIII	17A	XV		655	29M	XX	29M	XVII	XVI
				Lat.							
			(24A	XXII		656	17A	XX	17A	XVII	XVI
				Gr.)							
			24A		XXI	657	2A	XVI	9A	XX	XIX
646	2A	XIV	9A	XVIII	XVIII	658	22A	XVIII	25M	XVI	XV
647	22A	XVI	1A	XXI	XXI	659	14A	XX	14A	XVII	XVI
648	13A	XVIII	20A	XXI	XXI	660	29M	XV	5A	XIX	XVIII
649	29M	XIV	5A	XVII	XVII	661	18A	XVII	28M	XXII	XXI
650	18A	XVI	28M	XX	XX	662	10A	XX	10A	XVI	XV
651	10A	XVII	17A	XXI	XXI	663	26M	XVI	2A	XIX	XVIII
652	1A	XX	1A	XVII	XVI	664	14A	XVI	21A	XIX	XVII

巴掌管着天堂的鑰匙。逐漸地不列顛諸島的其他地區也都歸入羅馬的行列；威爾士人是最後歸化的，他們中的一些人在9世紀40年代仍舊不肯退讓。

雖然這被說成是(維克托利烏斯或狄奧尼西的)19年週期和凱爾特人的84年週期之爭，但其實計算方式只是枝節問題；真正引發宗教問題的是期限的差異。

兩種19年週期之間的對抗停留在技術層面；比德在其725年的著作《論合理的時間》（*De temporum ratione*）中給出決定性的一擊，他為狄奧尼西完成了後者沒有做到的事（而維克托利烏斯為自己的體系做到了）。比德完整地闡釋了確定復活節的法則，列出了不需每隔95年就重新計算一次的532年的復活節查定表（參見圖13）。在不到一個世紀的時間裏，比德的查定表通行於整個西方，甚至在頑固堅持維克托利烏斯查定表的高盧也是如此。

太陰曆

雖然亞歷山大的復活節算法與其他的一樣，都以一個陰曆為依據，但是亞歷山大人並不特別注重瞭解每天的陰曆日期；對比之下，在西方，人們認為瞭解陰曆日期非常重要，以至於隱修院在每日晨禱時會一同宣告當天的陰曆日期和殉道者。這就要求重新計算新月：把亞歷山大曆的日期轉換為儒略曆的日期是不夠的，因為，雖然亞歷山大人和西方人都取陰曆年裏的奇數月為大月，偶數月為小月，但是它們出現的時間並不一致。

在亞歷山大，大月通常在陽曆的奇數月裏開始，但是在西方，陰曆月與它結束於其中的那個陽曆月同名，大月通常在偶數月開始而在奇數月結束。這條規

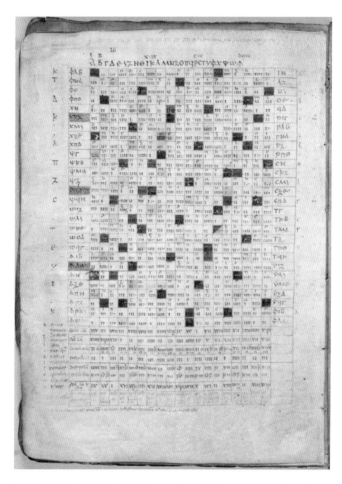

圖13　比德的永久性復活節查定表。主表中的每一行表示19年週期，開始於在左邊用希臘數字指示的公曆年份，從532年至1045年；方格給出星期換算數，連同閏年標誌和月齡表的對照；打陰影的格子表示從538年和545年往後的第1和第8年期，以及從532年往後的每一個第28年；右端一列給出從18年至531年期間先前的復活節週期中最後一年的日期。周圍的行和列給出其他各種相關信息。

則詩化地表達成*impar luna pari, par fiet in impare mense*，意思是「奇數月的月亮在偶數月裏，偶數月的在奇數月裏」。這就是說，在偶數月裏的月亮日子為奇數（29日），而在奇數月裏的日子則為偶數（30日）。

由於在7世紀推算復活節的領銜專家都是愛爾蘭人（比德從他們的著作中大受裨益，雖然他從來沒有這樣說過），看到以*De ratione conputandi*為題的專文根據狄奧尼西的法則為年建立了完整的陰曆也就不足為奇了。然而，雖然這篇文章中的許多內容被抄入300年後聖鄧斯坦（St Dunstan）所擁有的一本書裏，真正獲得確定地位的卻是比德與它大不相同的體系。他謹慎地置閏，保證了只有3個年份裏每月月齡的規則序列被打斷，而且，只是在這些年份裏某些陰曆月份才與它們開始於其中的陽曆月份同名。因此，當像赫拉巴努斯·毛魯斯（約780–856）和弗勒里的阿波（Abbo of Fleury, 約945–1004）那樣博學和天才的學者提出新的方法、計算出相同的結果時，他們正是在比德的方法上加以了改進。

在比德的時代，某日的陰曆日期是這樣求得的：在歲首月齡（參見加框文字）上加上一些稱為「陰曆換算數」的參數，以獲得每月1日的月齡。這樣，對於歲首月齡11，3月1日的陰曆日期為11+9=20，4月1日的是11+10=21。然而，從12世紀開始，它是從所謂的黃金數直接求得的，它相對於19年週期中相應年份的新月日期寫在曆書中；類似地，比德由星期換算數借助

於「陽曆換算數」求取某日星期幾的方法（例如，星期換算數是2，那麼3月1日的星期數是2+5=7，4月1日的星期數是2+1=3）在中世紀晚期由星期日字母所取代（參見第五章）。

歲首月齡、黃金數、星期換算數

為了求得儒略曆中的歲首月齡，把公元年份數除以19；如果餘數是0，那就是歲首月齡，否則把此數乘以11，除以30，那麼新的餘數就是歲首月齡。

為了求得黃金（即重要的）數——也稱為「初始數」（來源於拉丁語*luna prima*，即「陰曆初一」），在年份上加1，除以19，取餘數；如果餘數是0，黃金數是19。

為了求得星期換算數（只應用於儒略曆），在公元年份上加上它的四分之一（略去小數部分）和參數4，除以7，取餘數；如果沒有餘數，則星期換算數是7，而且3月24日是星期六。

改革的需要

不論比德做得有多出色，他還是不能夠消除陽曆和陰曆的根本缺陷，這就是兩者都不夠精確。到13世紀，陽曆已滯後於太陽太多，以至於有人建議改革。這已不再是某個凱撒和奧古斯都的睿智的繼承者所能

完成的任務：在基督教的歐洲，改革涉及到復活節這個遠為棘手的問題。

在1538年，黃金數是19，表明 *luna XIV* 在4月17日；由於這天是星期三，復活節落在了21日。馬丁·路德評論道，根據春天第一個滿月之後第一個星期日的規則，它應該落在3月17日，這自然就超前於由教會確定的21日的春分日了。如果已經實施了新曆、但尚未進行任何進一步的改革的話，3月17日本該稱為27日。然而，它不會是復活節，因為黃金數仍然表明 *luna XIV* 是在4月17日。由於在新曆中17日是星期六，復活節就將落在4月18日，相應於舊曆8日，而且更接近於新月而不是滿月。

此外，重新計算歲首月齡——例如，把黃金數為19的歲首月齡從18減少到11，以便使得 *luna XIV* 成為3月25日，而且1538年的復活節落在27日——只能是短時期內有效的解決方案，因為陰曆也是錯誤的（正如赫里福德的羅傑[Roger of Hereford]在12世紀所說）。在76年期間，包括閏日在內，含有27 759日，相應地940個朔望月（平均）包含27 758.7546日，使得陰曆月份超前曆法大約5小時53分23秒。每過310年，這個差異將達到1日，再次使歲首月齡錯誤。因此需要更加根本的改革，而這由格列高利十三世所頒佈。

格列高利曆

教皇格列高利的改革有三個目標：重新確立春分日的日期在3月21日(雖然不符史實，但還是普遍認為這是尼西亞會議頒定的)；在將來仍保持春分在那一天；盡可能調整復活節曆表，使之與月亮協調。前兩項目標由新曆達成，這已在第三章討論過；第三項目標，即陰曆的改革，是通過把簡單的亞歷山大的19年閏周代之以高度複雜的體系達到的，這一體系的根據是以前一年12月31日的陰曆日期重新確定的歲首月齡(參見圖14)。

在每個非閏世紀年歲首月齡縮減1，但是每300年它們增加1，只是每第8個這種增加要延遲1世紀；當這兩條規則應用於同一年時，就沒有改變。這些調整對於改正陰曆與月亮之間的分歧稍嫌過頭。是歲首月齡——而不是儒略曆中的黃金數——被用來求取任何給定日子的陰曆日期(必要的參照表見於《牛津年份津梁》第825-828頁)。

改革者沒有明確說明他們藉以計算新月的黃經；這是必需的，因為他們經常故意地把它們推遲1至2天，以便將其與逾越節岔開。在猶太人中，逾越節已不再表示Nisan月14日，而是15日，在海外猶太人中則是16日；因此，許多基督徒認為在這些日子他們不能慶祝復活節(儘管路德曾經利用1538年3月16日至17日

506 CALEND. GREG.

TABVLA FESTORVM

Anni Domini	Aur. Num.	Epactæ	Lit. Dñicales Calen. Greg.	Plenilunia media Cal. Gregôr. D. H.	Lunæ xiiij. Calendarij Gregoriani	Septuagesima	Dies Cinerum	Pascha Calend. noui	Ascêfio Domini
3664	17	xix	f e	25. 2.M	25. M	27.Ian.	13.Feb.	30. M	8.Maij
3665	18	✱	d	13. 0.A	13. A	15.Feb.	4.Mar.	19. A	28.Maij
3666	19	xj	c	2. 8.A	2. A	31.Ian.	17.Feb.	4. A	13.Maij
3667	1	xxiij	b	22.17.M	21. M	23.Ian.	9.Feb.	27. M	5.Maij
3668	2	iiij	A g	9.15.A	9. A	12.Feb.	29.Feb.	15. A	24.Maij
3669	3	xv	f	29.23.M	29. M	27.Ian.	13.Feb.	31. M	9.Maij
3670	4	xxvj	e	17.21.A	17. A	16.Feb.	5.Mar.	20. A	29.Maij
3671	5	vij	d	7. 6.A	7. A	8.Feb.	25.Feb.	12. A	21.Maij
3672	6	xviij	c b	26.15.M	26. M	24.Ian.	10.Feb.	27. M	5.Maij
3673	7	xxix	A	14.12.A	14. A	12.Feb.	1.Mar.	16. A	25.Maij
3674	8	x	g	3.21.A	3. A	4.Feb.	21.Feb.	8. A	17.Maij
3675	9	xxj	f	24. 6.M	23. M	20.Ian.	6.Feb.	24. M	2.Maij
3676	10	ij	e d	11. 3.A	11. A	9.Feb.	26.Feb.	12. A	21.Maij
3677	11	xiij	c	31.12.M	31. M	31.Ian.	17.Feb.	4. A	13.Maij
3678	12	xxiiij	b	19.10.A	18. A	20.Feb.	9.Mar.	24. A	2.Iunij
3679	13	v	A	8.19.A	8. A	5.Feb.	22.Feb.	9. A	18.Maij
3680	14	xvj	g f	28. 3.M	28. M	28.Ian.	14.Feb.	31. M	9.Maij
3681	15	xxvij	e	16. 1.A	16. A	16.Feb.	5.Mar.	20. A	29.Maij
3682	16	viij	d	5.10.A	5. A	8.Feb.	25.Feb.	12. A	21.Maij
3683	17	xix	c	25.19.M	25. M	24.Ian.	10.Feb.	28. M	6.Maij
3684	18	✱	b A	13.16.A	13. A	13.Feb.	1.Mar.	16. A	25.Maij
3685	19	xj	g	2. 1.A	2. A	4.Feb.	21.Feb.	8. A	17.Maij
3686	1	xxiij	f	22.10.M	21. M	20.Ian.	6.Feb.	24. M	2.Maij
3687	2	iiij	e	10. 7.A	9. A	9.Feb.	26.Feb.	13. A	22.Maij
3688	3	xv	d c	29.16.M	29. M	1.Feb.	18.Feb.	4. A	13.Maij
3689	4	xxvj	b	17.14.A	17. A	20.Feb.	9.Mar.	24. A	2.Iunij
3690	5	vij	A	6.22.A	6. A	5.Feb.	22.Feb.	9. A	18.Maij
3691	6	xviij	g	27. 7.M	26. M	28.Ian.	14.Feb.	1. A	10.Maij
3692	7	xxix	f e	14. 5.A	14. A	17.Feb.	5.Mar.	20. A	29.Maij
3693	8	x	d	3.14.A	3. A	1.Feb.	18.Feb.	5. A	14.Maij
3694	9	xxj	c	23.22.M	23. M	24.Ian.	10.Feb.	28. M	6.Maij
3695	10	ij	b	11.20.A	11. A	13.Feb.	2.Mar.	17. A	26.Maij
3696	11	xiij	A g	31. 5.M	31. M	29.Ian.	15.Feb.	1. A	10.Maij
3697	12	xxiiij	f	19. 1.A	19. A	17.Feb.	6.Mar.	21. A	30.Maij
3698	13	v	e	8.11.A	8. A	9.Feb.	26.Feb.	13. A	22.Maij
3699	14	xvj	d	28.20.M	28. M	25.Ian.	11.Feb.	29. M	7.Maij
3700	15	xxvj	c	17.17.A	17. A	14.Feb.	3.Mar.	18. A	27.Maij
3701	16	vij	b	6. 2.A	6. A	6.Feb.	23.Feb.	10. A	19.Maij
3702	17	xviij	A	26.11.M	26. M	29.Ian.	15.Feb.	2. A	11.Maij
3703	18	xxix	g	14. 9.A	14. A	11.Feb.	28.Feb.	15. A	24.Maij
3704	19	x	f e	2.17.A	3. A	3.Feb.	20.Feb.	6. A	15.Maij
3705	1	xxij	d	23. 2.M	22. M	25.Ian.	11.Feb.	29. M	7.Maij
3706	2	iij	c	11. 0.A	10. A	7.Feb.	24.Feb.	11. A	20.Maij
3707	3	xiiij	b	31. 9.M	31. M	30.Ian.	16.Feb.	3. A	12.Maij
3708	4	xxv	A g	18. 6.A	18. A	19.Feb.	7.Mar.	22. A	31.Maij
3709	5	vj	f	7.15.A	7. A	10.Feb.	27.Feb.	14. A	23.Maij
3710	6	xvij	e	28. 0.M	28. M	26.Ian.	12.Feb.	30. M	8.Maij
3711	7	xxviij	d	15.21.A	15. A	15.Feb.	4.Mar.	19. A	28.Maij

Anni

圖14　格列高利復活節查定表之一頁

的逾越節來證明自己的論點）。然而，儘管至少根據當前的猶太曆法，從783年以來，Nisan月15日就與儒略曆的復活節相左，從1315年以來16日也不符合，格列高利曆——即使是變更了歲首月齡——的復活節在1609年還是落於Nisan月15日，在16世紀末之前還有6次落在16日。新教徒們從未放過這些抱怨的機會。

天文的復活節

1699年德意志的路德派教徒投票通過了採用新曆，從1700年2月18日直接過渡到3月1日，但是他們卻沒有採納格列高利曆的復活節查定表。相反，他們規定復活節應該按照由最優良的天文曆表標明的實際春分日和實際滿月來確定；這一曆表以第谷‧布拉厄[18]在丹麥天文堡的子午線為基準編製。這種方法被稱為「天文計算法」（*calculus astronomicus*）。（約翰‧迪早在1582年已建議應該以倫敦的子午線為基準編製基於天文學的復活節查定表。）丹麥和大多數瑞士的新教州採納了改革，此外荷蘭的剩餘各省以「經過改良的儒略曆」的名義也予以採納。

18　第谷‧布拉厄（Tycho Brahe，1546–1601），丹麥天文學家。他所作的天文觀測是望遠鏡發明前最精確的，這些觀測成為17世紀天文學發展的基礎。1576年丹麥國王腓特烈二世為他出資在丹麥的文島建立了一座大型天文臺，他稱之為天文堡。

當實際的滿月落在星期六，但是格列高利曆的查定表標示*luna XIV*為其後的星期日、需要將復活節延遲1星期時，通常就會出現爭論。這在1700年就發生了，那一年人們只遵循格列高利曆的日期過了復活節；但是下一次發生在1724年的分歧則招致令人煩惱的爭論。教皇的查定表確定*luna XIV*在4月9日，又是一個星期日，這要求復活節落在16日，但是實際的新月[19]則又一次落在了4月9日前一天。因此，按照天文計算法復活節就在9日，這比信奉羅馬天主教的國家提前了1星期。

　　然而，出現了一個難題，更讓人覺得天文復活節站不住腳，即它與逾越節的第2日相重合。這導致人們重新審視所謂的禁律。結果是德意志和瑞士的新教徒在天文日期慶祝復活節，而丹麥則不這樣做。（荷蘭的新教徒在所有此類情況下都按照格列高利曆的日期慶祝復活節。）結果巴赫(Bach)的《約翰受難曲》在萊比錫的首演是1724年4月7日，這一天為天文曆的耶穌受難日，比格列高利曆的耶穌受難日超前1星期，也超前於儒略曆的耶穌受難日舊曆4月3日。

　　瑞典一直置身事外，試圖無痛苦地採用新曆（但是失敗了）；1740年天文計算法被引入，但是按舊曆計日保持到了1753年。這樣，在1742年，當新教和羅馬天主教的復活節兩者都落在新曆3月25日時，在瑞典這

19　原文如此，疑為「滿月」之誤。

一天稱為14日。兩年之後，在天文和格里高利曆的復活節之間再次出現分歧；這一次不僅德意志和瑞士的新教徒、而且丹麥人也按照天文日期3月29日慶祝復活節。瑞典在同一天慶祝，但是稱它為18日。

在下一個分歧於1778年出現之前，按照腓特烈大帝[20]——這位國王通過第一次瓜分波蘭(1772年)獲得了大量信奉羅馬天主教的臣民——的訓諭，德意志的新教徒放棄了天文計算法，瑞士人和丹麥人也緊隨其後。他的虛偽托詞是天文復活節期與逾越節相重合，這也令得瑞典人在1778年和1798年沒有遵循天文日期，不過在於1823年放棄它之前，他們還是在19世紀早期3次按照天文日期慶祝。芬蘭——在1809年以前它隸屬於瑞典，而後割讓給俄國——又這樣做了3次，最後一次是在1845年。

然而，1798年的情況顯示出天文紀元本身固有的難題：雖然在天文堡滿月剛剛好發生在3月31日星期六子夜之前，可是在瑞典的大部分地區已經是4月1日星期日，所以在那天慶祝天文的復活節必將是在滿月那天慶祝，這是極不適當的。不論選擇何處的子午線為基準，在天文計算法中，這種情況一定會不時地發生。

20　腓特烈大帝(Frederick II the Great of Prussia, 1712–1786)，普魯士第3代國王(1740–1786在位)，在領導統一的新德意志方面起過主要作用。

大不列顛

　　當大不列顛採用新曆的時候，把改革歸功於議會而不是教皇是政治上的必需，這使得英格蘭教會免去了採納格列高利曆復活節查定表的屈辱；另一方面，高教會派也不會贊同採用在喬治二世[21]的漢諾威[22]選侯領地應用的路德派的天文復活節。因此，必須要以不同的手段達到教皇的結果。解決的方式是設計一些查定表（它們應刊載在普通的祈禱書中），以便給每世紀的不同日期重新分配黃金數。這個方案曾被羅馬教廷的改革者所考慮，但還是放棄了，因為為了查得一年中每一日的陰曆日期，需要30張不同的表。他們的放棄反倒使這一方案對英格蘭教會更具有吸引力；除了要求得復活節，它對陰曆毫無興趣。出於同一原因，原先相對於每年的新月寫出的黃金數現在直接標出復活節節期或「教會的滿月」。這樣英格蘭教會總是與羅馬教會在同一天慶祝復活節，但是關於歲首月齡則隻字不提。

21　喬治二世（George II, 1683–1760），1727–1760年的英國國王和漢諾威選侯。

22　漢諾威（Hanover），前德意志西北部邦國。1692–1806年為神聖羅馬帝國選侯國，從1714年起，其選侯兼任英國國王；後為王國（1814–1866），1866年為普魯士吞併。

東正教會

一些東正教會於1923年5月批准了「經過修正的儒略曆」，它其中一個最敏感的提案就是打亂了多少世紀以來按《尼西亞信經》[23]的老傳統——或者毋寧說按亞歷山大的查定表——奉行的復活節這個節上之節，而採納以耶路撒冷子午線為基準的天文計算法。雖然在1923年以後的幾年裏，某些教會按照非儒略曆的日期慶祝，但是不久傳統再次得到尊崇；幾乎所有的東正教會還是按照儒略曆慶祝復活節（芬蘭的少數民族教會——但是不包括俄羅斯人社區的教會——和一些西方教區完全採用了格列高利曆）。

1997年通過了另一個決議，即從2001年起採用天文復活節，那一年它將與儒略曆以及格列高利曆的復活節日期一致；但是在2002年是按照儒略曆的日期慶祝了復活節。如果這兩個曆法都不實行進一步改革，那麼從6700至6799年東正教的復活節將與西方的聖靈降臨節[24]在同一天，雖然在經過修正的儒略曆中名義上的日期將會滯後一天。

23　《尼西亞信經》(Nicene Creed)，參見第55頁注釋1。

24　聖靈降臨節(Pentecost)，基督教重要節日，即耶穌復活節50天以後的星期日，紀念聖靈在耶穌被害、復活和升天後於猶太教的五旬節降臨人間，這一天是基督教會向世界各地廣傳之始。

固定的復活節

　　某些早期的基督教社區曾在3月25日或4月6日固定地慶祝復活節，分別相當於卡帕多西亞[25] Teireix月和「亞細亞行省」[26] Artemision月的14日。前者的優點在於它不僅是聖母領報節[27] 的節期，而且是西方教會傳統的耶穌受難日和東方教會傳統的復活日節期。路德建議復活節應該像聖誕節一樣有固定的日期，但是人們無法接受復活節不在星期日，這使得此種做法不能得到後續的響應。

　　1723年，由於注意到翌年新教徒的復活節將不同於羅馬天主教的節期，瑞士數學家讓·伯努利[28] 建議將復活節永遠固定為3月21日之後的第一個星期日。1834年馬爾科·馬斯特羅菲尼(Marco Mastrofini)在闡明他的「萬年曆」方案(參見第五章)之後試探性地提出，如果他的方案被接受，復活節應固定在4月2日星

25　卡帕多西亞(Cappadocia)，安納托利亞中東部的古代行政區。在托羅斯山脈以北的高原。公元前6世紀初見記載，當時由波斯管轄。公元17年被羅馬帝國佔領。

26　亞細亞行省(Province of Asia)，小亞細亞最西端的羅馬行省。公元前133年建立，天然資源豐富，各大城市為教育文化中心。

27　聖母領報節(Annunciation)，基督教節日，定在3月25日，為紀念「聖母領報」。事見《路加福音》所記載：天使伽百列向童貞女馬利亞預告她將因聖靈感孕而生子，並指示嬰兒應取名為耶穌。

28　讓·伯努利(Jean Bernoulli, 1667–1748)，瑞士數學家，在微積分和微分方程理論的發展上作出重大貢獻。

期日。1926年國際聯盟[29]建議復活節應在4月第2個星期六之後的星期日慶祝。在英國這一規定被收入了一項議會法案，準備在各地教會一致同意之後實施；這樣的一致意見從來未能達成。

---

29 國際聯盟（League of Nations），第一次世界大戰末由勝利的協約國首倡建立的國際合作組織。第二次世界大戰期間停止活動。1946年聯合國建立，取代了國際聯盟。

第五章
星期和季節

正如我們在第三章所見，古羅馬人有一個8天的集市週期，稱為nundinum；它獨立於月份和年份，在他們的曆法中每一天用A至H的一個字母作標記。這一週期最終為被稱為星期的7天週期所取代。然而，我們所知道的星期是兩種概念上完全不同的週期相結合的產物：其一是行星[1]星期，起初開始於星期六，源於希臘化時期的占星術，其二是猶太教和基督教的星期，原本就開始於星期日。

希臘和埃及的傳統都不包括占星術，然而在巴比倫，行星觀測長期被用來預測國事；公元前5世紀，規則已擴展到預測個人的禍福。那時，巴比倫和埃及都已被波斯帝國吞併；雖然埃及曾有一段時間又贏得了獨立，但是在亞歷山大大帝打敗波斯之前不久，他又征服了埃及。亞歷山大大帝對波斯取得的勝利給整個西方所知的世界帶來了文化和政治的激變，使得關於未來可能發生之事的學說得以傳播，而與之相隨的便是行星主宰規則。

1　指古行星，古代人認為太陽、月亮、水星、金星、火星、木星及土星為七行星。

正是從此時起，占星術士們——起初在埃及，後來遍及各地——認為，按照從土星到月亮的內向序列，每一小時都在行星的主宰之下；進而每一天都受當天第一個小時的行星支配(參見圖15)。由於一個自然日的24小時可容納下3個行星週期，同時還剩餘3個

♄ = Saturn, ♃ = Jupiter, ♂ = Mars, ☉ = Sun, ♀ = Venus,
☿ = Mercury, ☽ = Moon, D = day, N = night

Bold marks the presiding planet of the day

Hour Presiding planet 統轄行星

	D	N	D	N	D	N	D	N	D	N	D	N	D	N
1	**♄**	☿	**☉**	♃	**☽**	♀	**♂**	♄	**☿**	☉	**♃**	☽	**♀**	♂
2	♃	☽	♀	♂	♄	☿	☉	♃	☽	♀	♂	♄	☿	☉
3	♂	♄	☿	☉	♃	☽	♀	♂	♄	☿	☉	♃	☽	♀
4	☉	♃	☽	♀	♂	♄	☿	☉	♃	☽	♀	♂	♄	☿
5	♀	♂	♄	☿	☉	♃	☽	♀	♂	♄	☿	☉	♃	☽
6	☿	☉	♃	☽	♀	♂	♄	☿	☉	♃	☽	♀	♂	♄
7	☽	♀	♂	♄	☿	☉	♃	☽	♀	♂	♄	☿	☉	♃
8	♄	☿	☉	♃	☽	♀	♂	♄	☿	☉	♃	☽	♀	♂
9	♃	☽	♀	♂	♄	☿	☉	♃	☽	♀	♂	♄	☿	☉
10	♂	♄	☿	☉	♃	☽	♀	♂	♄	☿	☉	♃	☽	♀
11	☉	♃	☽	♀	♂	♄	☿	☉	♃	☽	♀	♂	♄	☿
12	♀	♂	♄	☿	☉	♃	☽	♀	♂	♄	☿	☉	♃	☽

行星星期的起源

Saturn土星，Jupiter木星，*Mars*火星，Sun太陽，Venus金星，
Mercury水星，Moon月亮，Day白天，Night黑夜
粗體標誌那一天的統轄行星

圖15　土星與它的日期。星期六的小時(在右端隨白天的小時開始)如果
在土星或火星之下，以N(ocens)，即「有害的」標注；如果在木星或金星
之下，以b(ona)，即「有利的」標注；如果在太陽、水星或月亮之下，
以c(ommunis)，即「平常的」標注。下面的文字意思是：「當土星當值那
天或者當值的那個小時，不論夜晚或白天，一切事物墜入黑暗，變得困
難；降生的人處境險惡；失蹤的人無法找到；臥病在床的人瀕於危境；
被盜的財產不能復得。」

圖16　薩賓人1的歲時記2殘片，在表示集市週期的字母旁邊還有表示星
期的字母（薩賓人（Sabine），古意大利部落，至公元前290年為羅馬所
滅，其族人成為羅馬公民。歲時記（fasti），古代羅馬將規定每月辦理法律
事務的日子編成的神聖日曆。此後它們不僅包括一年的月日以及各個節
日，而且包括其他各種資料。一般刻在石碑上，也有存於手稿中。歲時
記也有的指歷史記錄。）

小時(因此也剩餘了3個行星)，次日於是要受隔兩個以後的下一個行星支配：土星之後是太陽，太陽之後是月亮，依此類推(參見加框文字)。

行星星期此後向東傳播到印度和中國，向西到羅馬，那裏有奧古斯都(公元前31年至公元14年的獨裁統治者)統治時期星期的文字記錄：當時的詩人提布盧斯[2]提到「獻給土星的日子」，還有一塊碑上同時鑴刻着8字母A至H的集市週期和7字母A至G的星期週期(參見圖16)。

星期取代集市週期早期階段的情況可見於龐貝[3]的一處牆壁塗畫上，這一塗畫標明了各市鎮舉行集市的日子：雖然列出了8個地方的名字，從龐貝開始到卡布亞結束(羅馬是第7個)，但是相鄰的一列標明從Sat.(星期六)到Ven.(星期五)的星期。可惜作者只是按列而不是按行寫出，他把星期的每日列得如此寬鬆，而把城鎮列得如此緊湊，我們甚至懷疑他是否注意到了兩者天數的差別(圖17)。

與此同時，猶太人奉行他們自己的星期，一星期中6天為工作日，從1至6計數，接着為一個休息日，即 *shabbat*，英語中的「安息日」(Sabbath)。*shabbat*與占

---

2 提布盧斯(Albius Tibullus，約公元前55–約前19)，羅馬詩人。他是拉丁哀歌詩人中的佼佼者。

3 龐貝(Pompeii)，位於意大利那不勒斯市東南23公里的古城。公元79年因維蘇威火山爆發而與鄰近的赫庫蘭尼姆和斯塔比奧一起被毀。1748年正式進行發掘。

星術的星期六同時，這是一個凶兆的日子，因為土星是一個災星；正因為這樣，非猶太教的作者誤傳它是一個缺少歡樂的齋戒日。確實，安息日戒律——至少是在某些地區——在當時比它們後來要嚴酷；例如，《禧年書》[4] 禁止已婚夫婦在這一天同床，而拉比傳統是積極鼓勵他們這樣做的，但是即使是這本書也禁止齋戒。不過，這些非猶太教徒的記述看來更符合巴比倫每月7日、14日、21日和28日這些凶兆日的情況；某些作者把它們看作安息日的起源，但是看來更可能的是它們被改造成了占星術的星期六，這個由最兇惡的行星當值的一天。

shabbat 是猶太星期的最後一天，但是相當於行星星期中的第一天。然而，由於沒有人喜歡有一個不祥的開端，到公元2世紀，占星術士維丟斯·瓦倫斯（Vettius Valens）從星期日開始計算行星星期。雖然太陽並不像木星或金星那樣是一個吉祥的行星，但它也不像土星或火星那樣凶險（參見加框文字）。這個改變也起了匹配行星星期與猶太星期的作用；在一個用猶太神艾奧的名義行法術的社會裏，這可能並不是偶然的巧合。

那時基督徒已經採用了猶太星期和它按數字標明

4　《禧年書》（*Book of Jubilees*），亦稱《小創世記》，偽經之一。該書把七七四十九年為一禧年作為紀年單位編排，意在使猶太人得以按正確日期慶祝宗教節日。

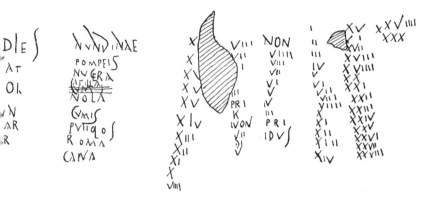

圖17 龐貝出土的牆壁塗畫，顯示星期與集市週期的合併；右半部分標明了兩個月的日期和月齡

的日子，雖然「第一日」他們稱為「主日」。對於講希臘語的人來說，星期一至星期四相應於第2至第5日，而星期五是預備日（《約翰福音》第19章31節）；講拉丁語的人對應地稱星期一至星期五為第2至第6個 *feria*（「周日，平日」），它是由古典的 *feriae*「假日」衍生出的新的單數詞，在關於曆法的專業論述中至今仍在使用，便於指稱冗長的詞語「星期中的日期」。在這兩種語言裏第7天都仍然是「安息日」，但是非猶太人的教會並不遵奉猶太人的規則；在羅馬於這一天齋戒甚至成了習俗，這使東方的基督徒感到震驚。

在羅馬人統治下的埃及，有證據表明法庭奉行每週星期四休息，享受它的當值行星木星的吉祥。但是

在321年信奉基督教的皇帝君士坦丁訓諭不應該在「為崇拜太陽而慶祝的日子」裏接受訴訟。他沒有使用基督教的詞語「主日」（帝國的大部分臣民還是非基督徒），不過4年之後的一份法庭記錄這樣做了；後來的法規有時把這兩個名詞結合起來。這些法令把星期日從每週對耶穌復活的追憶轉換成了休息日，雖然即使到了6世紀阿爾勒的凱撒利烏斯主教[5]還在埋怨說當地農民在星期四休息。（直至近期這仍是法國學校的傳統休息日。）

在基督教化了的帝國裏，星期幾用行星的名字還是用基督教的稱呼，這兩套體系相互對抗，在現代語言裏可以辨別出這一鬥爭的不同結果（參見加框文

5　凱撒利烏斯（阿爾勒的）（Saint Caesarius of Arles，約470–542），高盧基督教傳教士、佈道家，曾任阿爾勒地方的大主教，有許多講道稿流傳後世。

字）。在希臘和葡萄牙，基督教的稱呼勝出；在其他羅曼語裏星期日和星期六成為「主日」和「安息日」，但是其他的行星名字普遍未受動搖（雖然在撒丁島星期五成了*kenapura*，意為「潔淨的晚餐」，以此紀念最後的晚餐）。布立吞人甚至表現得對基督教的稱呼更為抵觸；所有7個行星的名字都很容易在威爾士語、康沃爾語和布列塔尼語中辨認出來。

　　日耳曼民族幾乎一樣堅持。鑒於羅馬人用羅馬諸神替代了希臘諸神，他們也用自己的神來替代：對於Mars（火星），替換作英語裏為Tīw、古斯堪的納維亞語裏為Týr的戰神，或是大會（「庭」[6]）中的軍樂隊之神，在碑銘中稱為Mars Thincsus（由此衍生出荷蘭語中的*Dinsdag*、德語中的*Dienstag*）；對於Mercury（水星），替換為智慧之神 Odin；對於Jupiter（木星），替換為雷神Thor；對於Venus（金星），替換為愛之女神Frigg。在英語和荷蘭語中沒有進一步的改變；Saturn（土星）在日耳曼眾神中沒有相應的神祇，因此它第7天當值神的位置未動。在德語中有些變更：星期三是「星期中間」（*Mittwoch*），因它是從星期日到星期六的中間；星期六或作安息日－日（*Samstag*），或作星期日－前夜（*Sonnabend*）。前者是羅馬天主教徒的慣常用法，現在在新教徒中正在取代後者，因為它是縮寫*Sa*.更為自

6　庭（thing），中世紀斯堪的納維亞的地方或省自由民大會。定期開會，負責提名國王候選人、制定法律和處理所有法律問題。

星期中日期的名字

異教希臘語	教會希臘語	異教拉丁語	教會拉丁語	法語
Hēlíou*	Kyriakḗ	dies Solis†	dominicus/a	dimanche
Selḗnēs	Deutéra	dies Lunae	secunda feria	lundi
Áreōs	Trítē	dies Martis	tertia feria	mardi
Hermoû	Tetártē	dies Mercurii	quarta feria	mercredi
Diós	Pémptē	dies Iovis	quinta feria	jeudi
Aphrodítēs	Paraskeuḗ	dies Veneris	sexta feria	vendredi
Krónou	Sábbaton	dies Saturni	sabbatum	samedi

葡萄牙語	威爾士語	英語	德語	波蘭語
domingo	dydd Sul	Sunday	Sonntag	niedziela
segunda-feira	dydd	Monday		
Llun		Montag	poniedziałek	
terça-feira	dydd Mawrth	Tuesday	Dienstag	wtórek
quarta-feira	dydd Mercher	Wednesday	Mittwoch	środa
quinta-feira	dydd Iau	Thursday	Donnerstag	czwartek
sexta-feira	dydd Gwener	Friday	Freitag	piątek
sábado	dydd Sadurn	Saturday	Samstag	sobota

*	省略名字後的hēméra，即「日」。
†	或者為Solis dies，以下皆然。

然的擴展。在方言中還有別的形式：在巴伐利亞星期二是*Ertag*，來自異教希臘語*Áreōs*，即「阿瑞斯神的」（希臘神話中的戰神 —— 譯注）；星期四是*Pfinztag*，來自於教會希臘語*Pémptē*，即「第5」。

斯拉夫人採用一種不同的體系。星期日稱為「不工作」，*nedělja*。這個詞構成了所有現代斯拉夫語裏「星期日」這個稱呼的基礎，但俄語除外；在俄語裏

這個詞的意思是「星期」，而星期日是*voskresen'e*，意思是「復活」（這個詞更為學術的形式是*Voskresenie*，意思是「復活節」），不過星期一仍是「*nedělja*之後的一天」，即*ponedel'nik*。星期六成為了「安息日」，但是雖然星期三是「中間」（比較*Mittwoch*），星期二、星期四和星期五的名字分別是由「二」、「四」和「五」衍生的，不是如同教會希臘語和拉丁語那樣從星期日起算，而是從星期一起算，這是東正教的禮拜儀式星期中的第一天，從復活節到聖靈降臨節期間除外。立陶宛人(大多數是羅馬天主教徒)和拉脫維亞人(大多數是路德派教徒)也從星期一起計數，這是一個星期中展開商業和行政上的世俗事務的第一天。與之相反，公誼會[7]以星期日至星期六作為星期中的第一日到第七日。

伊斯蘭教改造了猶太星期，以星期五作為祈禱日(不是休息日，除開其對西方的仿效)，它有一個阿拉伯語名字*jum'a*，意思是「集合」；安息日只保持其名而無其實，星期中其他日子仍從星期日起計數。(在斯瓦希里語中，星期六至星期三是1至5日，而星期四是Alhamisi，即阿拉伯語中的「第5」。)

7　公誼會(Society of Friends)，基督教新教的一個教派，亦稱貴格會，17世紀中葉興起於英格蘭和美洲殖民地。它主張純樸生活，所辦學校着重科學教育，培養出許多著名科學家。

星期日字母

在中世紀及其後很長一段時期裏，在日曆和曆書中，年內的每一天都循環往復地附注上A到G，這樣便於知道這一天是星期幾；如果今天是星期二，人們看到日曆上它的字母，便知道有同一字母的其他日子也不例外是星期二，除非或者遇到閏日（它與正常的 *VI K. Mart.* 共用字母F），或者碰上新年。用一種巧記的方法還要更加容易，它對每月1日給出1個字母；最常見的是用繁難的拉丁語寫成，但是有一個英語的例子是：

At Dover Dwells George Brown,

Esquire, Good Christopher Fitch And David Frier.

（意思是：在多佛爾住着喬治·布朗先生，好人克里斯托弗拿着油畫筆，戴維手操油煎鍋）

這表明1月1日是A，2月1日是D，依此類推；因此2月中任何一日的星期幾將比1月中同一日的星期幾在循環中推後3個字母。

對確定星期日、特別是復活節星期日感興趣的教士們稱這些字母為 *litterae dominicales*，即「星期日字母」。同一術語也用於任何給定年份星期日的相應字母（參見加框文字）；復活節是在 *luna XIV* 後標注這一年星期日字母的第一個星期日，在3月22日（D）和4月25日（C）之間。

無功而返的改變

　　法蘭西共和曆(參見加框文字)中無基督教星期的立足之地；相反，為了迎合革命黨人鍾愛的十進制法則，月份被分為3個10日的旬(*décade*)，每一旬的結尾立為「旬節」(*fête décadaire*)，每個旬節都奉獻給從「法國人民」到「禍祟災殃」的一系列事務。

　　兩種曆法之間的爭鬥體現在政治小冊子裏革命的公民「一旬中的第10日」與反革命的「星期日」先生之間的衝突。1798年新曆強制實行，奉行星期的一切活動都被禁止。在星期日休息的公務員要被解雇；新曆甚至還嘗試把一旬中的第10日強加給教會，以它取代星期日作為禮拜日。在法國的大部分地區，反對星期的運動從一開始就是失敗的；甚至在法蘭西曆仍為官方所實行時，拿破崙(Napoleon)就已放棄了這一運動。

　　另一個對星期的挑戰來自蘇聯。在1929年的新曆中，12個月被安排成等長的30天，其間穿插5個國家假日；7天的星期為5天週期所取代，從星期一至星期五(或從「第一日」至「第五日」)，取消了「資產階級遊手好閒的」星期六和星期日；5天中的每一天是五分之一國民的休息日，每個公民都收到一隻彩色袖套，標明他或她的休息日。(國家假日不列入這個循環之內。)

　　這個方案旨在把寬鬆的個人休假與連續不斷的生產結合起來，以及阻斷宗教信仰和家庭生活；前者流

於失敗，後者倒是相當成功，招致怨聲載道。結果，這個改革作了修正：從1931年12月1日起，恢復傳統的月份以及統一的休息日，但未恢復星期；以每月的6日、12日、18日、24日和（除2月以外的）30日為休息日取代星期日。雖然當局勸服支持共產主義或曆法改革的西方人說城市工人已不再記得7天的星期，但是農民卻既過星期日，又過新的休息日，破壞了曆法改革。1940年斯大林恢復了7天的星期，以星期日為休息日。

除了這些革命性的方案之外，時常有改革者提出要規範日期與星期的關係，以每年中的1日或閏年中的

> **法蘭西共和曆**
>
> 1793年國民議會頒佈了按亞歷山大曆的思路編製的新曆法，迴溯到1792年9月22日法蘭西共和國成立之時。1年包含12個月，1個月包含30日，另加5天補充日(*jour complémentaire*)，而在儒略曆的閏年之前一年加6天；因此儘管格列高利曆的1800年不是閏年，共和曆7年(1798/9)是閏年(*année sextile*)。月份的名稱反映法國的氣候和農事，並為每個季節加上不同的後綴：秋季*-aire*、冬季*-ôse*、春季*-al*、夏季*-dor*。

2日不計星期；這些日子稱為間歇日。雖然1834年馬爾科·馬斯特羅菲尼只是提議把12月31日和閏日(它緊接其後)排除在星期之外，使得1月1日總是星期日，並把復活節固定在4月9日，但是其他改革者設想用更廣泛的改革方案來規範月份，或者至少是規範季節。

　　早在1745年，「希羅薩·阿普-伊西姆」(「Hirossa Ap-Iccim」)在致《紳士雜誌》的一封信中提出：一年應包含13個月，每一月包含4個星期，年尾的一個間歇日作為聖誕節，閏年中的另一天作為國家假日；從公元前4年開始一個新紀元，舊曆的1745年12月11日應成為1750年1月1日；每132年應取消1個閏年；重量、尺度和錢幣應該以八進位制來計量。這位作者是馬里蘭州的牧師休·瓊斯(Revd Hugh Jones)，他把這些觀點進一步發揮以後，上書給切斯特菲爾德

伯爵[8]（大英圖書館，Add. MS 21893），並以「H. J.」的署名成書出版，書名為《時間計量泛論》（倫敦，1753）。此書沒有引起注意；然而，1年13個月是實證主義[9]者曆法的基礎，這個曆法以1789年為曆元，由奧古斯特·孔德[10]在1849年公佈於世，當前在法國和巴西仍有一定的流行度。它的月份和日期奉獻給偉大人物，偶爾也紀念偉大女性；第365日奉獻給死者，閏日給聖女。

20世紀初，13月曆為某些公司用於內部計賬。在此基礎上，兩位美國企業家——英國出生的摩西·B.科茨沃思（Moses B. Cotsworth）和伊斯曼－柯達公司的喬治·伊斯曼[11]——着手向世界推行國際固定曆，也就是更為人們所熟知的伊斯曼計劃。在此方案中，第13個月稱為Sol，置於7月之前，常年的間歇日置於12月29日（年日），閏年的置於6月29日（閏日）。伊斯曼太過固執，不願因為一年中有13個落於13日的星期五而退卻，他於是稱13對於美國來說是個幸運數字，因為它正是由13個反英殖民地建立起來的。

8　切斯特菲爾德伯爵（第四）（4th Earl of Philip Dormer Stanhop Chesterfield, 1694–1773），英國政治家、外交家。曾任愛爾蘭總督（1745–1746），表現出政治家的才幹，很受同時代主要人物的讚賞。

9　實證主義（Positivism），堅持以觀察和經驗為證的哲學思想。它必然是反形而上學和反神學的。

10　孔德（Auguste Comte, 1798–1857），法國哲學家，實證主義的創始人。

11　喬治·伊斯曼（George Eastman, 1854–1932），美國製造商。他創建的伊斯曼－柯達公司是美國攝影工業中最大的公司之一。

在美國之外，這個論點自然沒有甚麼說服力。一些改革者緩和了革新的調子，建議每年保持12個月，但每隔兩月後的第3個月包含5個星期而不再是4個星期。但是引起人們更多關注的是一種「世界曆」，它的3月、6月、9月和12月包含31日，其餘月份為30日，同樣在12月後面添加間歇日，逢閏年則加在6月後面。

20世紀20年代國際聯盟對伊斯曼計劃和世界曆都表示出了興趣；但是星期的中斷成了絆腳石。1931年英聯邦希伯來人聯合會大拉比[12] 約瑟夫·赫茨[13]（參見圖18）就改革向設於日內瓦的國際聯盟總部發出了激烈的聲討，強調正統猶太教徒不可能接受兩個安息日之間有8天的間隔，以及他們被迫遵奉星期六以外的日子為安息日的不便。他的干預產生了效果，以至在世俗的改革者之間引起了強烈的憤懣。

遵奉第7日為聖日的基督復臨派[14] 也反對這種中斷，而印度的大英帝國政府意識到這將觸犯許多敏感的神經，於是宣佈它是不可接受的。相形之下，當20世紀50年代世界曆短暫複萌時，它受到了在印度獨立

---

12 拉比（rabbi），經過正規宗教教育、學過《聖經》和《塔木德》（注釋、講解猶太教律法的著作）而擔任猶太人社會或猶太教會眾的精神領袖或宗教導師的人。

13 赫茨（Joseph Herman Hertz, 1872–1946），英聯邦希伯來人聯合會大拉比，猶太教基要派著作家。

14 基督復臨派（Adventist），基督教的一派，相信耶穌基督將要重返世界，建立千年王國。

後執政的堅定的宗教與國家事務分離論者的青睞。然而，沒有一個主要大國看到這種改革有任何好處。因而，從此之後，改良世界運動的參與者們把他們的精力集中於更緊迫的事務。這樣，星期作為曆法上最古老的慣例保持至今，沒有發生結構上的改變。

基於星期的年份

當赫茨博士聲討國際聯盟時，他宣稱猶太人並不反對曆法改革，只要不觸及星期；具體來說，如果旨在確立星期幾與日期之間的關係，這可以通過取一年52個星期即364天、並不時地加上一個閏星期來達成。這並沒有得到認可，儘管在冰島伴隨閏星期的364日年已存在好幾個世紀；它在那裏被用來管理民政事務。它包含12個月，每月30日（或更確切地說是稱為「夜」），再加4個「超日」，或稱「超夜」（aukanœtr），並在28年中有5年加入一個「超星期」（aukavika）。這種曆法的基礎是舊時日耳曼人所用的「夏季」與「冬季」的兩季交替，但又與教會的曆法體系建立起了關聯，即採納了星期和太陽週。確實如此，日期通常不是按月份計數（除了在冬季的後半部分，而正是一年中的這部分人們認為羅穆路斯國王沒有劃分月份），而是按仲夏（或仲冬）之前剩餘或之後已過的星期數計數。然而，赫茨博士所想的364天的年

份可能來自於第二聖殿時期[15]一些猶太教徒使用或提倡的這種年，它包含12個月，其中的每第3個月為31日，其餘的為30日；星期不是從第1日（星期日）開始，而是從第4日（星期三）開始，正是在這一天上帝創造了太陽和月亮。這一曆法究竟有多古老（有些學者甚至認為這一曆法，或是類似的曆法，在猶太人的放逐期[16]前是計時規範）？它在各個時期內究竟在多廣的地域內使用？在這些問題上存在着爭議。存在爭議的其他問題還有：究竟是否加過超星期，或者擁護者是否認為當曆法與太陽不合拍時，要完全歸咎於太陽。

其他組合

舊時愛爾蘭法律文書認可5日和15日的組合，後者是基督紀元以前陰曆中的半個月的遺跡。除了羅馬人的8日集市週期之外，為期3、4、5、6、9或者10日的集市週期在世界許多地方使用或曾經使用。在尼日利亞，不止一個民族使用4日週期，並在一些情況下使用它的倍數8日和16日。

當城鎮或鄉村在同一週期的不同日子舉辦集市時，在它們之間構成了一種聯繫。另一方面，當某一

15　第二聖殿時期（the Second Temple period）大致從公元前515年猶太人重建耶路撒冷的聖殿開始，直到公元70年它被羅馬人毀滅結束。

16　指公元前6世紀猶太人被擄入巴比倫的時期，參見第133頁譯注1。

圖18　大拉比約瑟夫・赫爾曼・赫茨博士(1872–1946)像，他曾為挽救星期而呼籲

特定地區同時存在不止一個集市週期時，共享同一週期的各個鄉村之間會建立休戚相關的親密關係；不奉行同一週期的那些鄉村之間則會互爭高下，尤其是如果它們的集市在同一天舉行的話；這種情況可見於西非。

至此為止所討論的星期和類似的週期與月和年並行不悖地實行：1日星期日，隨後是2日星期一；2003年12月31日星期三，隨後是2004年1月1日星期四。然而，在某些文化中，類星期的週期自身也並行使用：在為西班牙所征服之前的中美洲，人們使用的構成260日週期的13日週期和20日週期就是如此（參見第六章）；在印度尼西亞，存在長度為2日至10日不等、不少於9個的並行週期，其中5、6和7日的週期最重要，結合形成210日的odalan。

季節

西方世界繼承了古羅馬人的傳統，把一年劃分成四季，或稱「年節」（tempora anni，由此產生了德語詞Jahreszeiten）：很少有拉丁詞比ver、aestas、autumnus、hiems（即春、夏、秋、冬 —— 譯注）更容易翻譯成現代歐洲語言了。宇宙示意圖顯示這些季節結合在世界模型之中（參見圖19）；它們也出現在另一個溫帶的文化中，即中國的chūn、xià、qiū、dōng（春、夏、秋、冬）。

不過這種劃分絕不是全球普適的。在尼日利亞，

約魯巴人[17] 口中所説是兩個半年的季節，旱季和雨季；但是印度有6個季節，它們的梵文名稱是：*grīṣma*（「熱季」）、*varṣa*（「雨季，季風期」）、*śarad*（「秋季」）、*hemanta*（「冬季」）、*śiśir*（「涼季」）、vasanta（「春季」）。每個季節包含2個月；季節的月份在各地之間互不相同，但是在國家曆（參見第六章）中春季開始於Phalguna月。

古埃及採用3個季節：洪水季、冬季和夏季，每個季節包含太陽年中的4個月，在公元前6世紀之前，它們就徑直以某季的第幾月稱呼（參見附錄一）。然而，由於沒有置閏，這使得古埃及歷史上的大部分時間裏名義上的季節與實際季節脱節。例如，在公元前824年，當新年在3月21日開始時，「冬季」是從理論上洪水季的開端7月19日到11月15日，隨後是「夏季」。

在古典希臘語裏有春季（*éar*，或者方言中的變體*wêr*）、夏季（*théros*）和冬季（*cheimṓn*），但是秋季（phthinópōron，「歉收」）這一明確的概念和稱呼過了很長時間才出現。然而，偉大的希臘歷史學家修昔底德[18]（公元前5–前4世紀）雖然十分熟悉春季，還是把進

---

17 約魯巴人（Yoruba），居住在尼日利亞西南地區和少數散居在貝擔和多哥北部的民族。

18 修昔底德（Thucydides，公元前460或更早？–前404之後？），古希臘最偉大的歷史學家。所著《伯羅奔尼撒戰爭史》從軍事上、政治上、特別是倫理上論述了這場發生於雅典和斯巴達之間的戰爭。

行伯羅奔尼撒戰爭[19]的那些年分為夏季(戰季)和冬季。

　　類似的兩季觀念存在於日耳曼各民族之中，不僅在冰島格外深入人心，而且在斯堪的納維亞廣為流傳，據說那裏的夏季在聖提布爾修斯(St Tiburtius)日(4月14日)開始，冬季在聖卡利斯圖斯(St Callistus)日(10月14日)開始。因此，雖然日耳曼諸語言共用「夏季」和「冬季」這兩個詞，但是在與羅馬文化接觸之前它們沒有「春季」和「秋季」這兩個詞。在這些語言之間甚至在同一語言內部，這兩個季節的名詞五花八門：英國英語保留着喬叟、廷德爾[20]和莎士比亞使用的拉丁語或法語詞autumn(「秋季」)，美國人則用fall，這是fall of the leaf(「落葉」)的簡稱，首見於16世紀。在德語中，春季既可寫成*der Frühling*，亦可寫成*das Frühjahr*；一個古體的或詩體的詞語Lenz相應於現代荷蘭語*lente*和古英語*lencten*。後者曾經既用於指春季，又用於指教會的一個齋戒期；這一齋戒至今還以其縮簡的形式稱為Lent，由它派生的詞Lentern(例如在Lenten sermon「齋期的佈道」中)現在作為形容詞使用。從16世紀以來春季被稱為spring，這是spring of the year(「一年的源泉」)的簡稱。

19　伯羅奔尼撒戰爭(Peloponnesian War)，公元前431–前404年間在希臘的兩個城邦國家斯巴達和雅典之間發生的大戰，最終以雅典投降而告終。此後，雅典再不能奴役希臘的其他城邦了。

20　廷德爾(William Tyndale, 1490/1494–1536)，英格蘭聖經翻譯家、人文主義者、新教殉教士。1611年英國欽定《聖經》英譯本和此後的多數譯本都以廷德爾的譯本為主要依據。

圖19　載於伯特佛斯（Byrhtferth）的《便覽》（11世紀初）中的示意圖，標出了二分二至點、四季、黃道十二宮，以及從人的各年齡段到月份

在凱爾特諸語言中「春季」和「秋季」也有變異，但是「夏季」和「冬季」是共用的；在一部愛爾蘭語詞典裏明確地說到了兩季的劃分。愛爾蘭語的 *samhradh* 和威爾士語的 *haf* 都與英語的 summer（「夏季」）有關，*geimreadh* 和 *gaeaf* 與拉丁語的 *hiems*（「冬季」）有關；相同的詞是高盧語中月名 Samonios 和 Giamonios（參見第六章）的來源。

拉丁語作者對各季節的開端提出了不同的日期：老普林尼（逝於公元79年）給出2月8日、5月10日、8月11日和11月11日；塞維利亞的伊西多爾（逝於636年）給出2月22日、5月24日、8月23日和11月23日；比德在725年寫下了2月7日、5月9日、8月7日和11月7日，換句話說，即是在相應月份的 Ides 之前的第7日。伊西多爾和比德的日期都普遍見於中世紀的曆法中；按照比德的方案，二分日和二至日大致落在相應季節的中央，所以施洗者聖約翰[21]誕生節是在仲夏日。同樣，在規範的古英語中聖誕節的名字是「仲冬」。

在愛爾蘭，春季從2月1日起計量，夏季從5月1日，秋季從8月1日，冬季從11月1日；在這些日期中，2月1日是聖布賴德（St Bride）日，或稱聖布里吉德（Brigid）日，它取代了原來標誌着這一新季節到來

---

21 聖約翰（施洗者）（Saint John the Baptist），《聖經》人物，是出身祭司家庭的猶太人先知，在1世紀初宣講上帝的最後審判即將來臨，為悔改者施洗禮。

的基督紀元前所用的名字*Imbolc*（在現代愛爾蘭語中為*Oimelc*），但是其他3個日期還保留着它們古老的名字*Bealtaine*、*Lúnasa*（以前曾用*Lughnasadh*）和*Samhain*。《牛津英語詞典》把這看作「英國」特點，相對於「北美」以3月、6月、9月和12月開始新季節的做法；但是大多數英國人更偏愛後者，這也是英國國家氣象局採納的方案。

自然，沒有一種根據自然現象設置的體系能通行於全球，甚至也無法通行於北半球；更為客觀的原則是把二分日和二至日作為各季節的開始，由此當前這些日子是或大約是在3月20日、6月21日、9月22日和12月21日。它們常常被稱為是相應季節的「官方的」開端，雖然沒有皇家公告或議會法案正式宣佈過。簡明的方案往往勝過對事實的真實性的求取：前面圖19所示11世紀的示意圖就是根據這一原則輕率地等分各季節，長度為3個月的每季開始於4月、7月、10月和1月。

從凱撒改革的時代以來，羅馬的傳統是以各個Kalends日之前的第8天把二分日和二至日等分，它們是在3月25日、6月24日、9月24日和12月25日；事實上這些日期適用於約兩個世紀之前的情況。教會把它們結合進曆法中，相應地為聖母領報節（聖母受孕耶穌基督）、施洗者聖約翰誕生節、他的被孕節（在東方這一日移至23日；參見第六章）和耶穌基督誕生節。然

而，西方教會偏好以齋戒日作為各季節的開端，分別是四旬齋第一個星期日之後的星期三、聖靈降臨節、聖十字架節[22]（9月14日）和聖露西[23]節（12月13日），每個季節在隨後的星期五和星期六重新開始。在英語中它們被稱為四季節[24]齋戒，這個詞是拉丁語中*quattuor tempora*，即「四季」的訛用（與德語的*Quatember*比較）。（英格蘭教會已經改變了這幾個星期。）雖然南半球的夏季相應於北半球的冬季，反之亦然，可是歐洲殖民者輸入了許多與北半球的日期和季節有關的觀念。基督教的聖誕節無情地促使巴西人在夏季的酷暑中穿上厚重的紅色長袍和白色毛皮扮聖誕老人，但是在澳大利亞的拉脫維亞人於6月24日的寒冬慶祝聖約翰節時，則歡樂地穿着他們的羊毛編織的民族服裝。

22　聖十字架節（Holy Cross day），基督教節日，為9月14日，紀念耶穌基督受刑的十字架。

23　聖露西（Saint Lucy, ? –304），基督教殉教童貞女。西西裏島錫拉庫薩市的主保聖人。

24　四季節（Ember fasts），天主教會和基督教會聖公會規定舉行特別祈禱、禁食和授任神職的4個時期。四季節是分別以下列4個節日之一為首的1個星期：(1)聖十字架節；(2)聖露西節；(3)四旬齋期的第一個星期日；(4)聖靈降臨節。

第六章
其他曆法

猶太曆

　　現代的猶太陰曆，計算法則類似於格列高利曆，但複雜得多，其起源追溯到猶太人被巴比倫人放逐返回後[1]所用的曆法，在觀測的基礎上逐漸演進。在那時以前，月份的名稱雖然有時用腓尼基語的叫法，但通常用數字順序；計數從春天開始，儘管在《聖經·出埃及記》中談到收穫是在年末。這一放逐前的曆法究竟是陰曆還是陽曆？若是後一種情況，那麼它與已在第五章討論的「後放逐時代」包含52個星期的年份之間是怎樣的關係？這些問題都存在爭議。

　　在放逐之後，計數月份的老習慣逐漸讓位於使用巴比倫的名稱(但猶太人講希臘語時則使用馬其頓名

1　公元前13世紀末古猶太人佔據了巴勒斯坦地區，建立了以色列王國，
　　自公元前1020年前後至前922年前後由掃羅、大衛、所羅門三代國王
　　治理；公元前922年耶羅波安一世發起叛亂另立北朝以色列王國，南
　　朝王國稱猶大王國。公元前721年以色列王國受新亞述帝國攻略而滅
　　亡。公元前587年猶大王國被巴比倫人摧毀，許多居民被流放。後波
　　斯居魯士大帝(參見第197頁譯注1)征服巴比倫，准許猶太人回到耶路
　　撒冷。

稱）。在Nisan月1日的春天的新年和在Tishri月1日的秋天的新年兩者在許多個世紀內仍然互爭高下。後者一直用於計數7年期的安息年週期[2]，在這一週期的最後一年不允許耕種；《聖經》詮釋所用的經驗法則是，在「以色列諸王」年代，從Nisan月計數，在其他國王統治時期，從Tishri月計數，但其中不乏例外。最後的折中是「Nisan是各月份之首，Tishri是年份的開頭」：雖然Torah[3]明確指明主要節日的月份從春天計數，但是正規的民用年從秋天開始。

只要新月由觀測決定，如果在第30夜已可靠地記錄到新月，並得到猶太教公會[4]的確認，那麼這一日（從日落開始）就被計數為該月的第1日，前面一月則是小月。若未記錄到新月，則將這一日記作老月份的第30日，而新月份從下一夜開始。為了避免齋戒日、特別是贖罪日[5]落在安息日前1日或後1日，允許在操作上作某種程度的變通（但不禁止與安息日這一天重合）；結果Tishri月1日不能是星期三或星期五。Tishri月1日也不能落在星期日，這是相當晚久之後成為一條規則

2　安息年週期（sabbatical cycle）指古猶太人每隔7年讓土地休種1年的週期。

3　指《聖經·舊約全書》的首五卷，又稱為律法書或摩西五經。

4　猶太教公會（Sanhedrin），在羅馬帝國統治下（公元前65年至公元7世紀）的巴勒斯坦地區的猶太人正式機構，具有政治、宗教和司法職能。

5　贖罪日（Yom Kippur），猶太教最隆重的節日，定在猶太教曆Tishri月（公曆9、10月間）初十，屆時猶太人請求上帝赦罪以重沐其恩寵。

的，因為在Tishri月21日舉行的住棚節最後一天的宗教儀式，被認為對於安息日來說過於喧鬧了。還有一條規則，要求一年中的大月不應少於4個，但不能多於8個；在閏年這個界限升高到9個。

若下一年的逾越節將過早來臨，那麼把從春季開始計數的那年的最後一月Adar月重複一次，作為置閏。在公元70年羅馬人摧毀聖殿之前，人們似乎偏愛較晚的逾越節，這樣朝聖者有足夠的時間到達耶路撒冷；在那之後，當早到的逾越節不再產生困擾，置閏的規則是在下面3個條件中的任兩個達成時進行：莊稼還是青青的，果樹的果實還未成熟，再不然節期在春分日之前。人們還偏愛在安息年之前的年份置閏，而不是在安息年內或在安息年之後的年份置閏。

與基督徒所認為的相反，逾越節應該在春分之後並不是一條絕對的規則，雖然在聖殿聳立期間一定是通常這樣做的。猶太人未遵循他們自己的規則這樣的斷言用來說海外的猶太人社區可能理由更充分些；他們願意自己調整曆法，而無意遵奉耶路撒冷的拉比們：例如，在安條克[6]，規則是Nisan月14日必須落在民用曆中的Dystros月之中，而這是羅馬人的3月的當地名稱。

雖然沒有證據支持，但傳說在公元359年觀測被計

6　安條克（Antioch），一譯安提阿。弗里吉亞地區古城，公元前300年由塞琉古一世建立，在今土耳其伊斯帕爾塔省亞爾瓦齊附近。

算所取代，因為羅馬人中途攔阻從耶路撒冷派出宣告新月和置閏的使者。然而，事實上在此後很長一段時間內存留着各種各樣的做法，包括觀測和不符合現代規則的計算；直到10世紀完全的統一才真正達成。

現代的曆法按兩個步驟操作：第一步為找到秋季的「誕生」（*molad*）——意即秋季的第一次合日，然後由此求出Tishri月1日的日期。1日等分為24小時，每小時包含1080「小份」，每小份包含76「剎那」；它是從日落計量的。為了編曆的目的——但不是為了民用或宗教生活——日落規定為耶路撒冷時間下午6時（格林尼治時間下午3時39分）。朔望月定義為29日12小時793小份。這樣12個月的平年包含354日8小時876小份；閏年有13個月，包含383日21小時589小份。

置閏發生在默冬章內的第3、6、8、11、14、17和19年，1章235個太陰月＝6939日16小時595小份；默冬章從創世起算，即公元前3761年10月7日星期一5時204小份，這在我們從子夜起計的日期中是10月6日星期日晚上11時11分20秒。這樣，某一Y年的*molad*發生在曆元往後理論上(Y–1)年的日、時和小份之後。

一旦找到了*molad*，就要求出Tishri月1日的日期，它與前後兩個Tishri月1日相距一定間隔。1年有6種可能的長度：

*molad*日被指定為Tishri月1日，除非出現以下4種情況：

虧平年	353日	虧閏年	383日
正平年	354日	正閏年	384日
盈平年	355日	盈閏年	385日

（1）如果 *molad* 落在18時（正午）之際或之後，Tishri月1日延遲1日；

（2）由於Tishri月1日不能落在星期日、星期三或星期五，如果 *molad* 落在這些日子，或者如果按規則（1）操作後Tishri月1日將落在這些日子，就把它相應地延遲到星期一、星期四和星期六；

（3）如果一個平年的 *molad* 發生在星期二的9時204小份之際或之後，Tishri月1日延遲到星期四，否則按照規則（1）和（2）這年將可能包含356日；

（4）如果閏年後一年的 *molad* 發生在星期一的15時589小份之際或之後，那麼Tishri月1日延遲到星期二，否則一定在星期二的正午以後開始的前一年將只有382日。

根據Tishri月1日延遲0日、1日或2日，前一年是虧年、正年或盈年。

猶太曆各月是：Tishri，30日；Cheshvan（以前稱為Marcheshvan），29日（在盈年30日）；Kislev，30日（在虧年29日）；Tebet，29日；Shebat，30日；Adar，29日；Nisan，30日；Iyyar，29日；Sivan，30日；Tammuz，29日；Ab，30日；Ellul，29日。在閏年Adar有30日，

後隨29日的Ve-Adar(也稱Adar Sheni),要把原在Adar月的掣簽節[7]的節期移到這個月中。

沒有一個簡單的公式可以把猶太曆的日期轉換為格列高利曆,反之亦然;然而,數學家C. F.高斯[8]發現了一個規則,可以把Nisan月15日(現在作為逾越節的節期)換算為儒略曆的日期;它刊佈在《猶太百科全書》中和《牛津年份津梁》的第851–852頁。由於這一日總是在Tishri月1日之前23星期又2日,它永遠不會落在星期一、星期三或星期五。

伊斯蘭曆

在信奉伊斯蘭教之前,阿拉伯人使用一種尋常的陰陽曆,結合塞琉西[9]紀元(參見第七章),從9月1日的拜占廷[10]民用新年起計數。然而,先知穆罕默德禁止置

---

7 掣簽節(Purim),猶太教的喜慶節日,定為Adar月13日,以紀念公元前5世紀猶太人在波斯統治下死裏逃生的事蹟。

8 高斯(Carl Friedrich Gauss,1777–1855),德國數學家。他不僅對純粹數學作出了意義深遠的貢獻,而且對20世紀的天文學、大地測量學和電磁學也作出了重要的實際應用。

9 塞琉西(Seleucid),希臘化時代的大國之一,領土曾西至歐洲色雷斯,東至印度邊境的廣大地區,公元前312年由塞琉古一世建立,前64年亡於羅馬。

10 拜占廷帝國(Byzantine),公元395年羅馬帝國東西分治,帝國東部首府為拜占廷(後改稱君士坦丁堡,今土耳其的伊斯坦布爾)。7世紀以後在國家和社會發展上已與早期羅馬帝國大大不同,史稱「拜占廷帝國」。1453年亡於奧斯曼帝國。

閏，主張完全按照月亮制曆，當夜晚切實觀察到新月之際，定為一月的開始，這樣就阻斷了月份與季節之間的聯繫；其結果是，伊斯蘭曆由12個太陰月組成，不以太陽運動校正，所以33個伊斯蘭年相應於32個西方年，只差幾天。

這些月份稱為Muḥarram, Ṣafar, Rabīʿal-ʾawwal, Rabīʿal-ʾākhir, Jumadā ʾl-ʾula, Jumadā ʾl-ʾukhrā, Rajab, Shaʿbān, Ramaḍan, Shawwāl, Dhū ʾl-qaʿda, Dhū ʾl-ḥijja。日期徑直按數字計數；但是在古典阿拉伯語裏，還有另一種體系，其中每月1日（在白天）表達為「過去了1夜」，依次遞增，直至14日；15日是「月中」；16日是「剩餘14夜」，依次遞減到月末1日。

由於根據不可預測的地方觀察而得出的曆法在天文學上毫無用處，一個純理論的模型被設計了出來：奇數月為大月，偶數月為小月，1年為354日。由於朔望月事實上稍長於29½日，這樣的1年將比12個朔望月短0.367 08日，即大致為8小時48分36秒；為了補償，某些年的最後一月改為大月而不是小月。當前額外的日子以30年為週期加於11年中，它們是第2、5、7、10、13、16、18、21、24、26和29年，這樣就把誤差縮小到0.0124日＝17分51.36秒。然而，在伊斯蘭的歷史中，這並沒有普遍地貫徹實行。

伊斯蘭曆的年份從塞琉西紀元933年猶太曆Tammuz月16日＝公元622年7月16日起計數，這一天是

阿拉伯年的元旦，先知穆罕默德從麥加[11]出發赴耶斯里卜(現名麥地那)的日子；阿拉伯語中稱「出發」為hijra，這個紀元就稱為hijrī。然而，特別是在較早的記載中，紀元可能從前一日，即7月15日起計數；天文學家保留了這一做法，他們從中午而不是從日落計量1天的開始。甚至在民用曆是太陽曆的伊朗，曆元仍是Hijra年。

欲知純理論的伊斯蘭曆和格列高利曆之間的換算請參見《牛津年份津梁》第854–855頁。然而，文獻記載中的伊斯蘭曆日期所對應的實際西方日期未必能用這種換算法確定地求出，也可能根本就求不出，除非(這倒是經常遇到的)同時知道這一天是星期幾。這種轉換必須校正到相互一致。

希臘曆

古希臘文化是多元文化互相交融、兼收並蓄的產物：每個城邦有自己的方言、自己的字母、自己的節日和自己的法律，但是承認其他城邦也是希臘人。很自然地，曆法也是五花八門；在羅馬時代之前，至少在理論上，各城邦無一例外採用陰陽曆，每個城邦把

---

11 麥加(Mecca)是伊斯蘭教和阿拉伯帝國的創立者穆罕默德的誕生地，也是他早期活動和悟道的地方。麥地那(Medina)是穆罕默德後期的根據地，也有他的墓地。兩地都是伊斯蘭教的聖地。

各自認為合適的月份作為閏月。雖然有一些廣泛流傳的月份名稱，但是沒有一個統一的體系；在城邦之間同一個太陰月按不同的名稱稱呼，而同一個名稱也會用於不同的太陰月，也沒有統一地用哪一個太陰月開始一年，或用哪一月作為閏月。

在某些城邦，1個月的中間10日與前10日分別計數，而在大多數城邦，最後10日是反向計數的；最後1日通常被稱為 *triakás*，即「第30」，即使該月只有29日也是這樣，但是雅典的叫法是 *hénē kai néa*，即「舊與新（日）」。然而，在馬其頓曆中，至少在亞歷山大大帝所征服的亞洲部分和埃及，計日徑直從1日到30日，在小月中29日略去。

現在已不清楚哪些城邦依賴觀察，哪些城邦依賴計算，但是我們知道的是可能會出於政治或行政上的考慮而干預正常的日期序列。（喜劇詩人阿里斯托芬[12]想像饑餓的眾神在他們的節日裏顯身，卻發現人們並未按規定的日子慶祝節日。）其結果是，城邦與城邦之間月份內的日期也不是恒定的：公元前479年雅典的Boedromion月4日是維奧蒂亞的Panamos月27日；公元前422年雅典的Elaphebolion月14日是斯巴達的Geraistios月12日，但是一年之後的Elaphebolion月25日則是

12　阿里斯托芬（Aristophanes，約公元前450–約前388），古希臘最著名的喜劇作家。劇本多以雅典人的社會、文學、哲學和生活為題材，以對話措詞巧妙、善意譏諷、獨創和引人發笑的荒唐情節為特徵。

Artamihios月27日。傳說赫羅斯特拉圖斯(Herostratus)放火焚毀以弗所[13]的阿耳忒彌斯神廟與亞歷山大大帝的誕生是在同一天,這如果不是完全的杜撰,那也只可能是名義上相應的月份的同一日期。除非借助於日月食,我們甚至不可能把雅典的日期轉換成儒略日,雖然我們瞭解雅典曆更甚於其他任何一個城邦的曆法。

　　天文學家使用大小月交替並按規定的閏周插入閏月的太陰曆,以雅典或馬其頓的名稱(參見加框文字)稱呼月份,這些名稱是取其各自的文化和政治含義,而與實際生活中雅典或被亞歷山大征服的任何地方的曆法毫無關係。埃及的馬其頓統治者試圖將自己的曆法與當地宗教上的陰陽曆對等起來。這件事證明非他們力所能及;到了公元前2世紀,他們只是簡單地用馬其頓名稱去稱呼埃及民用曆裏的各個月份。他們在巴比倫遇到的麻煩較小,當地的曆法更容易理解;月份被賦予馬其頓名稱,所以Nisanu 成了Artemisios。春天的新年被保留了下來,所以按塞琉西紀元計數的年份比近東其他地區所用的年份滯後6個月;巴比倫的塞琉西1年(默冬章中的最後一年)開始於公元前311年Artemisios/Nisanu月1日。在巴比倫被安息[14]統治時期,

---

13　以弗所(Ephesus),希臘愛奧尼亞城市,故址在今土耳其伊茲密爾省。那裏的阿耳忒彌斯神廟(Temple of Artemis)為世界七大奇觀之一。公元前550年為呂底亞國王克羅伊斯所建,公元前356年焚毀,後重建。公元262年哥特人入侵時被毀,再未重建。

14　安息(Parthia),古代地區,大致為今天的伊朗呼羅珊地區。也指安

仍保留着這一曆法；然而，從公元17年以後，巴比倫月份所用的馬其頓名稱推後了1個月，Artemisios現在成了Aiaru，而不是Nisanu。正是以此為根據，猶太歷史學家約瑟夫斯[15]用希臘語稱呼猶太月份。

在羅馬時代，許多城邦採用儒略曆，即使月份名稱和新年各不相同：所以在安條克10月被稱為Hyperberetaios，並且是一年的開始(曾繼續在講古敘利亞語的人中間這樣做)，直到5世紀中期新年前移到Gorpiaios月(9月)1日。其他地區採用按儒略曆的原則編製的曆法，但是用自己的月份；這樣，在亞細亞行省月份開始於羅馬人的*IX Kal.*，新年是奧古斯都的誕辰9月23日。這一天仍然是東正教會的教會新年，他們在這一天(而不是西方的24日)慶祝施洗者約翰(「先驅者」)的被孕。

高盧曆

1897年在安省[16]的科利尼發現了用高盧語(凱撒入侵時代該地區所講的語言)書寫的曆法殘片(參見圖

息帝國(公元前247–公元224)，版圖曾經包括整個伊朗高原和底格里斯–幼發拉底河流域(即古巴比倫地區)。

15 約瑟夫斯(Flavius Josephus, 37/38–約100)，猶太歷史學家。曾任猶太人反羅馬人起義的軍官，後投降羅馬人，在羅馬定居。完成《猶太戰爭史》、《上古猶太史》等著作。

16 安省(Ain)，法國東部一省份，東邊和北邊與瑞士交界。

雅典和馬其頓月份的名稱

第一個雅典月Hekatombaion開始於緊隨夏至日的新月；置閏通常是重複Poseideon月。雖然在馬其頓本土通行的馬其頓曆法幾乎鮮為人知，但是看來它的第一個月是Dios，在秋分之後開始；閏月不為人知。在下表中，兩相對應的名稱不是嚴格不變的，只是取比較常用的而已。

雅典	馬其頓
Hekatombaion	Loos
Metageitnion	Gorpiaios
Boedromion	Hyperberetaios
Pyanopsion	Dios
Maimakterion	Apellaios
Poseideon	Audnaios
Gamelion	Peritios
Anthesterion	Dystros
Elaphebolion	Xandikos（Xanthikos）
Mounychion	Artemisios
Thargelion	Daisios
Skirophorion	Panemos

20）。它們被多方研究，並產生了許多不同看法；但看來有一點是清楚的，即碑文所呈現的是包含了62個太陰月的5年週期（閏月置於第1年的開始和第3年的中間），每個月分為兩半，前半月15日，後半月15或14日。每半月日期向前計數，但是某些日子會互換位置，甚至是在月與月之間，由此序列被打斷。每5年的週期結合成更大的週期（起先為30年，後來似乎為25年），在大週期內，第1個5年的第1個閏月被取消。

雖然在短時期內，這個曆法的陰曆日期不可避免地會滯後或超前於陽曆日期，但它逐漸與太陽曆相匹配。原則上平年的第一個月Samonios開始於冬至日；在實踐中，它從一個週期到另一個週期逐漸稍許超前。有人設想基督紀元前的愛爾蘭曾經使用類似的曆法，這就解釋了為甚麼在採用儒略曆時，愛爾蘭的夏末節[17]不是固定在冬至而是在11月1日，因為5世紀中期時它已超前到了這一日期。

Samonios這一名稱與凱爾特語「夏季」有關；類似地，第7個月，原則上開始於夏至日，稱為Giamonios，來源於「冬季」這個詞。看來這兩個名稱與相應季節末尾的二至日的慶祝有關；11月1日的samain（現代是Samhain，即夏末節）是夏末這個概念後來又出現在一部專門詞典中。

印度曆

印度的宗教節日仍然由許多地方曆法決定；大多數曆法或者是陽曆，或者是陰曆，但並非全部都是如此。在1957年之前，太陽曆的年直接由觀測確定，並用以改正太陰曆，但不是回歸年而是恒星年[18]，分為

17　夏末節(Samhain)，凱爾特曆法每年11月1日為夏末節，是重要而具有恐怖氣氛的節日。

18　回歸年和恒星年(tropical year and sidereal year)，1回歸年的長度為

圖20　在科利尼發現的高盧曆

12個月，每月相應於太陽到達一個*raśī*。但不同於西方（和中國）的黃道十二宮，它不是按習慣對黃道劃分，而是按實際的星座劃分。在經過了改革之後，現在太陽年取回歸年，*raśī*是黃道上的固定弧段，相應於1957年時佔據那一段的那個星座。

在陽曆裏，日開始於日出；按照地區的不同，月開始於太陽進入新的*raśī*的那一日，或者次日，或者（在某些情況下）再次日。月份的名稱取太陽所在的*raśī*名，但孟加拉[19]和泰米爾納德[20]兩地除外，那裏使用陰曆月份的名稱。在陰曆裏，月份被分為兩「翼」，即兩半，一半是「光明」（盈月），從新月到滿月，另一半是「黑暗」（虧月），從滿月到新月。月份有一套標準的名稱，每一個在理論上都相應於一個特定的*raśī*，以此按照新月時太陽所在的*raśī*為月份命名。在南方，以及在理論天文學上，月份從明半月開始，但是在北方（除非是閏月；參見加框文字）月份從暗半月開始，因此在新月之前，月份的名稱超前於南方一個：這樣北方的Magha暗半月相應於南方的Pausa暗半月，但是

365.2422日，是四季變化的週期；1恒星年為365.2564日，是地球繞太陽公轉的週期。兩者相差為每年0.0144日，約合20分44秒，稱為歲差。起因是由於地球自轉軸在空間以258 00年的週期自東向西繞與地球公轉軌道面（黃道面）垂直的方向旋轉，導致春分點沿黃道以每年50.3 的速率向西退行。

19　孟加拉（Bengal），古名萬加，是印度次大陸東北部的一個歷史地區。現分屬印度西孟加拉邦和孟加拉人民共和國。

20　泰米爾納德（Tamil Nadu），印度的一邦，位於印度半島東南端。

置閏和消除

原則上，每一個月太陽進入一個新的 *raśī*；但是有兩個限定性條件。

（a）當在連續兩個月份的開端（按南方的體系計量），太陽位於同一 *raśī* 之內時，前一個月作為閏月，它的名稱與後隨的正常月份相同；北方也在這時添加一個閏月，把正常月份分為兩半，並從明半月開始，而不像其他月份那樣從暗半月開始。

（b）當冬季在同一月太陽進入兩個 *raśī*（也按南方的體系計量）時，相應於前一個 *raśī* 的月份名稱將被消除。這樣在北方和南方消除的都是同一個名稱。

兩者下面都緊接 Magha 明半月。

　　每半月的第一天緊隨着新月或滿月，因此日期普遍按照當前日出時的 *tithi* 計數；*tithi* 是月亮合日後運行 12° 所需的時間。有時月份內的一個日期必須略去（如果 *tithi* 在一次日出後開始而在下一次日出前結束）或者重複（如果 *tithi* 在一次日出前開始而在下一次日出後結束）。月份內的日期的不規則並不影響星期內的日期：如果 7 日是星期日，即使下一天是 9 日或者仍舊是 7 日，而不是 8 日，它也總是星期一。

　　當前在使用的紀元為數眾多，大多數對已經過去的年份計數，其中還有好幾種不同的新年日期。使用最為廣泛的是 Saka 紀元，陰曆和陽曆兩者都使用它，

曆元為公元78年。但是值得一提的有Vikram Samvat紀元，它用於陰曆，曆元為公元前58年。還有Kaliyuga紀元，這是一個從公元前3102年2月18日開始的432 000太陽年的週期，在這個週期結束的時候，世界將進入一個新的時代。

此外，還有一些曆法依據的是木星公轉的恒星週期，它包含11.862年；5個這樣的週期大致上是60太陽年。

1957年以來，為了世俗的應用，印度承認兩種曆法：格列高利曆和Saka紀元的國家曆；後者使用陰曆月份的名稱，從3月22日（格列高利曆閏年時從3月21日）開始。

伊朗曆

雖然阿開民王朝[21]的碑銘似乎呈現的是類似於巴比倫曆的陰陽曆，但使用不同的月份名稱（可能還用不同的置閏方式），安息人的阿薩息斯王朝[22]（公元前247–公元226）和波斯人的薩珊王朝[23]用一種太陽曆取代

---

21 阿開民王朝（Achaemenid Dynasty），即埃及的波斯第27王朝（公元前525–前404），由波斯的岡比西斯二世建立。

22 阿薩息斯王朝（Arsacid Dynasty），古代伊朗創建和統治安息帝國的王朝。第一代國王為阿薩息斯（約公元前250–約前211在位）。

23 薩珊王朝（Sasanian Dynasty, 224–651），古代伊朗王朝。在阿爾達希爾一世（224–241在位）領導下，薩珊人推翻安息王朝，創建了一個帝國。以瑣羅亞斯德教為國教。

了這一曆法；它至今還在為包括印度的帕西人在內的瑣羅亞斯德教徒所使用。這種太陽曆1年365日，是一種「遊移年」，包含12個月，每月30日（不是按順序計數，而是用掌轄神祇的名字稱呼），還有5個月份外的日期，按5組伽泰（即瑣羅亞斯德教讚歌）稱呼。據說這種曆法取代了早先360日、每5或6年置閏的曆法。

正如埃及年原則上開始於天狼星的偕日升，同樣，理論上伊朗的Nawruz（即元旦）是春分日。然而，由於「遊移年」逐年超前於太陽，在公元631年Nawruz是6月16日。在伊嗣埃三世[24]，即伊朗最後一位前伊斯蘭國王的年代裏，瑣羅亞斯德紀元正是從這個日期開始計數的。

據說由於宗教儀式的要求，每120年要置閏一次，置閏之後月份外的日子推遲到跟隨在下一個正常月之後，並因此使得一年的時間回復到正常。然而，由於戰爭和動亂，在8次置閏之後這一做法中斷了，以至於額外的日子繼續後隨於第8月。不是所有的學者都相信這種說法，但是在薩珊王朝時期月份外日子的移位確是事實；直到伊嗣埃375年，由於1006年3月15日Nawruz正好與春分日一致，為了應和這個吉祥的巧合，月份外的日子被重新安置到它們原先在年末的位置。

在12世紀初期，帕西人——而不是伊朗的瑣羅亞斯

24　伊嗣埃三世（Yāzdegird Ⅲ, ?–651），薩珊王朝末代國王（632–651在位）。在阿拉伯人入侵的戰役中慘敗之後被殺。

德教徒——為了能夠使Nawruz與春分日相合而設置了一個額外的閏月（雖然沒有移動月份外的日子），但是就只進行了一次。1746年，有人提議抵消那次置閏，將帕西曆法回復到與伊朗的瑣羅亞斯德教徒所用的曆法相一致。只有少數人採納了這一建議，但是他們的曆法（稱為Kadmi曆，即「從前的」曆法）在主流的Shenshai曆（意思是「皇家的」曆法）之外一直留存到今天。這樣，伊嗣埃1374年在Shenshai曆中開始於2004年8月20日，而在Kadmi曆中開始於7月21日。

1906年，第3種曆法被提了出來，稱為Fasli（「季節曆」）或Bastani（「古曆」），在這種曆法裏Nawruz又一次取為春分日，而在格列高利曆的閏年加上第6個月份外日期。大多數帕西人以違背教義為由拒絕改革；相反，在伊朗，大多數瑣羅亞斯德教徒採納了它，相當重要的原因是它接近於由禮薩國王[25]在1925年推行、並一直保留到1979年伊斯蘭革命之後的民用曆。

在這種曆法裏，一年裏的前6個月（Färvärdin、Ordibehesht、Khordad、Tir、Mordad、Shährivar）每個月都有31日，與從春分到秋分的時間長度求得一致，接下來的5個月（Mehr、Aban、Azär、Dei、Bähmän）有30日，而最後一月（Esfänd）在平年只有29日。原則上根

25　禮薩國王（Reza Shah Pahlavi, 1878–1944），伊朗國王（1925–1941在位）。他銳意改革，實施政治民主化和排除外國干涉，致力於建設現代化國家。

據11世紀提出的規則添加第30日，使得平年開始於太陽在正午前進入白羊座的那一天，而閏年開始於太陽在正午後進入白羊座的那一天；通常在前一次閏年之後4年又是閏年，但偶爾也會相隔5年。然而，在實踐中事先要計算一種複雜的週期(參見加框文字)。紀元從Hijra(在法爾斯語[26]中的發音為Hejre)之前的春分，即公元622年3月21日起計數。

類似的閏年法則存在於巴哈[27]曆中，它的太陽年包含19個由19日構成的月份(19是巴哈教派的象徵數

---

26 法爾斯語(Farsi)，現代波斯語，為伊朗的官方語言。

27 巴哈教派(Bahá'ism)，伊斯蘭教的一個教派，由米爾扎·侯賽因·阿里(1817–1892，稱號為巴哈·安拉，意為「真主的光輝」)所創立。

字），另加4個月份外日期，當春分滯後於3月21日的日落（這是巴哈教派一日的開端）時再加上第5個；但是，在實踐中往往遵行格列高利曆或伊朗曆的閏年。星期開始於星期六；紀元從1844年起計數。

中國曆

　　中國年是陰陽曆的，遵行19年7閏的置閏法則[28]，歷經多次天文計算上的精確化，最突出的是1644年耶穌會教士湯若望[29]的工作。一日從子夜開始，正在第一個時辰（1/12日）的中間；若計算出在某瞬時對於北京的經度要發生太陽和月亮的相合（即使這恰在子夜之前），那麼這一天就是這個月的初一。民用曆曆年的1月（天文年的3月）是冬至所在月之後的第2個太陰月。

　　按照當前的規則，在19年的週期內第3、6、9、11、14、17和19年加上第13個月（這裏作者的敘述有誤，請參見譯注3），這一19年週期滯後於西方的「黃金數」週期[30]年；由於規則要求二分日和二至日必須

28　原文為「默冬章」，事實上中國在春秋時代已獨立提出這一置閏法則。

29　湯若望（Adam Schall von Bell, 1591–1666），明末來中國的天主教耶穌會傳教士、天文學家，德意志人。他1622年來到中國，曾參與修訂曆法，編成《崇正曆書》。清朝建立後任欽天監監正，把《崇正曆書》改編為《時憲曆》頒行。

30　中國傳統曆法自西漢的《太初曆》（漢武帝太初元年，即公元前104年頒行）已經規定沒有中氣的月份為閏月。二十四節氣中，自冬至起每

落在2月、5月、8月和11月之內，因此所添加的閏月裏太陽留在同一個黃道宮內，也因此閏月一定不會在冬季(1月、11月或12月)；如果達不到這個要求，置閏就要延遲到次年2月之後。

清朝的曆算部門已把中國曆一直計算到2020/1年；1931年中華民國國民黨政府(它已頒行了格列高利曆)禁止使用這種傳統曆法，但是不論是這一禁令，還是共產黨的反「迷信」運動，甚至都不能在中國大陸消除它，也不能影響香港(在1997年之前受英國統治)或海外華人(參見圖21)。

除了太陰曆之外，還有一個二十四「節氣」的序列，相當於太陽曆中的半個月，每一節氣開始於太陽進入一個黃道宮或到達其中點之時；各種節日與這些節氣有關，首先是清明節，正是太陽經過白羊宮的半路上，這是祭掃祖先墳墓的時節。還有六十干支週期(參見第七章)，用於紀年、紀月、紀日和紀時。

還有一些類似的曆法，但是相對於各處首都或首府的經度計算，正在或曾經在朝鮮、韓國、日本、越南和中國西藏(從滿月起計算)使用。

隔一個，包括大寒、雨水、春分、穀雨、小滿、夏至、大暑、處暑、秋分、霜降、小雪為中氣。兩個節氣間的間隔平均大於半個朔望月，所以可能出現1個月內只出現1個節氣、而沒中氣的情況。這個月作為前一月的閏月。這一法則一直沿用至今。由於在冬季，地球到達繞太陽軌道的近日點附近，太陽在天空中移行快，兩個節氣之間只有14天多，所以不可能在冬季出現1個月內只有1個節氣的情況，於是在冬季各月份不會出現閏月。

圖21　中國曆

圖22　太陽石，顯示了曆法、天文學與宗教之間的聯繫。第一(外)環：
繁星密佈的天空。第二環：Quetzalcoatl(阿茲特克人信奉的主神—譯
注)、夜神Texcatlipoca和昴星團。第三環：veintena 的日期。第四環：
以往「太陽」(紀元)的標誌。中央：太陽神 Tonatiula，他的舌頭令人想
到阿茲特克人獻祭時使用的刀，兩側則是抓着犧牲者心臟的老鷹。

中美洲曆法

前哥倫布時期中美洲時間計量的基礎是一個260日的標準的和不變的週期，分別結合13日和20日兩個較小的週期，它與宗教緊密相關(參見圖22)。

現代學者根據尤卡坦馬雅[31]語的名稱，往往把大週期稱為*tzolkin*，但這只注重了一種語言而不及其餘；例如，在講納瓦特爾[32]語的阿茲特克人中它稱為*tonalpuhualli*。相形之下，兩個較小的週期有西班牙語的名稱*trecena*和*veintena*，分別來源於*trece*「13」和*veinte*「20」。*trecena*的日期從1計數至13(少數地方從2至14)；*veintena*的日期各有名稱，它們在各種語言中是不同的，而且未必指示同一事物：例如3日在納瓦特爾語中稱為Calli(「房屋」)，但是在尤卡坦語中稱為Akbal(「夜晚」)(參見圖23a)。儘管如此，它們是同一日，正如星期五又稱為Friday、*vendredi*、*sexta-feira*、*kenapura*、*Paraskeví*和*piątek*。

兩個小週期並行不悖地運作着：260日週期的第1日是1 Cipactli(在納瓦特爾語中)/Imix(在尤卡坦語

---

31 尤卡坦馬雅人(Yucatec Maya)，墨西哥東南部尤卡坦半島的中美洲印第安人。他們是馬雅文化締造者之一。曆法、建築和象形文字表明他們曾經是具有高度文明的民族。

32 納瓦特爾人(Nahuatl)，墨西哥中部的中美洲印第安人。西班牙征服墨西哥前的阿茲特克人為其主要族群。阿茲特克人曾在15世紀至16世紀初在今墨西哥中南部建立一帝國。

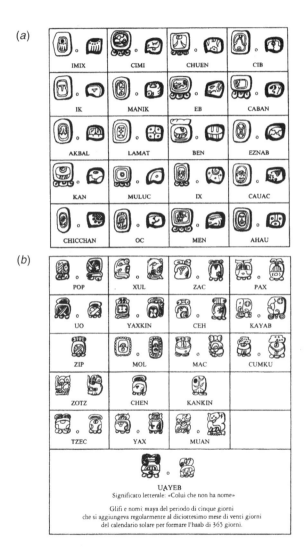

(a)

IMIX	CIMI	CHUEN	CIB
IK	MANIK	EB	CABAN
AKBAL	LAMAT	BEN	EZNAB
KAN	MULUC	IX	CAUAC
CHICCHAN	OC	MEN	AHAU

(b)

POP	XUL	ZAC	PAX
UO	YAXKIN	CEH	KAYAB
ZIP	MOL	MAC	CUMKU
ZOTZ	CHEN	KANKIN	
TZEC	YAX	MUAN	

UAYEB

Significato letterale: «Colui che non ha nome»

Glifi e nomi maya del periodo di cinque giorni
che si aggiungeva regolarmente al diciottesimo mese di venti giorni
del calendario solare per formare l'haab di 365 giorni.

圖23 （a）veintena日期和（b）太陽年月份的馬雅語名稱

中;兩者的意思都是「短吻鱷」),第2日是2 Ehecatl/
Ik(「風」),第13日是13 Acatl/Ben(「甘蔗」),第
14日是1 Ocelotl/Ix(「美洲虎」),第21日是8 Cipactli/
Imix,等等,直到週期的結束13 Xochitl(「花」)/
Ahau(「主人」)。

除了這一週期之外,每個社群還有自己的太陽
曆(參見圖23b)。結構始終如一:365日的「遊移年」
被分為18個包含20日的單元,在各地語言中稱為
「月」,在年末後隨5個不祥的月份外日期;但是每個
社群不僅在月份的名稱和計日上有差別(有些曆法的日
期不是1到20,而是0到19),而且任意選擇某一天開始
計數,因而在一個地方的元旦甚至不是另一地方的某
月1日。

儘管復興前哥倫布時期曆法的民族主義者的說法
不是這樣,但是閏年和輪子一樣,確實都是西班牙征
服者帶來的。一種曆法不時地會被另一種新曆法所取
代,新曆法或者晚1日,或者早1月開始,但是此後1年
總是如以往一樣保持不變的365日。

每一年按照元旦或者第360日在260日週期中的位
置來稱呼。由於太陽年比這一週期長105日,而105=8
×13 +1=5 ×20+5,所以年名的數字部分會逐年增加
1,但是年名的日名部分在 *veintena* 中要前進5位。此
外,由於5 ×4=20,在任何曆法中只有4個日名(稱為
「年的承名日」)能夠用於標誌年份。這樣,就有52個

可能的年名；當這些名稱用盡的時候，人們要熱烈慶祝新一輪的「曆法週期」。

蒂卡爾[33]的馬雅人也認可18個月即360日的*tun*，且它總是結束在Ahau日；20 *tun*構成1 *katun*，13 *katun*構成1 *may*，而20 *katun*構成一個現代學者稱為*baktun*的單位；20 *may*或13 *baktun*構成1個長世代，總共1 872 000日。後者是由奧爾梅克人[34]（可能在公元前355年）構建的，開始於前一週期的最後一*tun*結束之時；其中的日期按3個部分來標識：過去了的*baktun*、*katun*、*tun*、月和日，在日週期中的位置，最後是年中的日期。當前的長世代於前一長世代結束之後的那一天開始，這一日稱為0 0 0 0 0 4 Ahau 8 Cumku，相應於公元前3114年9月5日，並將於13 0 0 0 0 4 Ahau 3 Kankin=2012年12月21日冬至結束。

為了天文目的甚至確立了更長的時間單位：20 *baktun*為1 *pictun*，20 *pictun*為1 *calabtun*，20 *calabtun*為1 *kinchiltun*，20 *kinchiltun*為1 *alautun*，即299 520 000 000日。以上對於本世代給出的結束日期因此也可重寫為1(*kinchiltun*)11(*calabtun*)19(*pictun*)13 0 0 0 0 4 Ahau 3 Kankin。

33　蒂卡爾(Tikal)，馬雅低地南部的最大馬雅城址和祭祀中心，在今危地馬拉佩騰省西北部雨林灌木叢中。約公元700年為全盛時期，建造了規模宏偉的廣場、金字塔和宮殿。

34　奧爾梅克人(Olmec)，創造奧爾梅克文化的中美洲古代土著民族。奧爾梅克文化開始出現於公元前1150年，盛於公元前1100–前800年間。其範圍自墨西哥谷地達於薩爾瓦多共和國。

第七章
年的標記

我們如此習慣用某一標準紀元中的數字來標記年份，以至於雖然我們也能理解其他文化可能應用不同的紀元，但是若發現某一文化竟然完全不用任何紀元，仍難免感到驚訝。然而，在古代世界，雖然紀元遠非陌生事物，但並不是標記年份的唯一專門手段，而且它們的應用在許多情況下純粹只在某一地區具有意義。

在農業社會，年份常常以突出事件來確定，例如特別好或特別壞的年成；最早的埃及王朝仍然使用這種方法(參見圖24)，而在指1665年為「鼠疫年」這類說法中，也還殘留着這一痕跡。這種方法有一個明顯的缺陷，即若在某年中沒有發生甚麼大事，就無法確指，除非與有事發生的另一年聯繫起來，即使這樣也只在一短時期內才可能。要說清兩個事件之間經過的時間間隔也是困難的，除非存在以顯要的事件書寫的編年史。在缺乏這類記錄的情況下，早期希臘人會說某事發生在3代之前，這時他所指的是嚴格意義上的字面意思：戰爭發生在我曾祖父的時代，因為我的祖父

圖24 埃及出土的「巴勒莫石刻」5塊殘片之一，屬公元前約2470年第五王朝，記載(上方)約公元前3000年以前下埃及和上埃及前王朝時代統治者的部分名錄，和(下方)第一王朝到第五王朝諸王統治下發生的事件(公元前3000年上半期)

告訴過我，他因戰爭而成了孤兒。（後世的歷史學家把代轉換成年，有時30年為1代，有時100年為3代，以一種似是而非的確實性來代替早已被遺忘的經歷。）

對於更為複雜的社會，這些不精確的方法已經不再適用，於是它們設計出了不論是否有大事發生都可以確定任何年份的方法。這些方法包括了人名紀年、王權紀年、特定的週期和紀元。

人名紀年

人名紀年，或稱行政長官紀年，是用擔任年度職務的行政長官的名字來標記年份，按如下的方式：「當某某人是[職務頭銜]的時候」。在亞述王國這人是 *limmu*，即亞述城的市長，在雅典是稱為archon的9位執政官之一，在斯巴達是稱為ephor的5名掌政官之一；但是最著名的例子是羅馬以兩名年度執政官來標記的方法：「當蓋尤斯·儒略·凱撒和馬庫斯·卡爾布爾紐斯·比布盧斯是執政官的時候」（*C. Iulio Caesare M. Calpurnio Bibulo consulibus*, 公元前59年）。這與這些行政長官行使的權力大小無關：斯巴達的掌政官權傾朝野，雅典的執政官在民主制度下權力縮減到只處理日常行政事務，羅馬共和國手握重權的執政官喪失權力給了皇帝，但還是他們的名字出現在每一份標注日期的文獻中，而不是後者。

儘管這一方法在古代被廣為採用，但是它有三個缺陷：其一，除了說「從現在起的第幾年」之外，無法確定將來的年份；其二，由於希臘各城邦開始一年的時間各不相同，採用不同的月份名稱，而且又不協調置閏，因此在一個城邦的單一人名紀年下發生的事件，未必能對應於另一城邦的單一人名紀年（參見加框文字）；其三，要是沒有行政長官的名錄，即使是在自己的城邦內，人們也不瞭解X的年份是否在Y的年份之前，或者兩者相隔多少年，更不用談外邦人了；這類名錄倒的確有人編製了出來，但不可避免地與其他文本一樣有混淆和訛誤之處。公元前3世紀歷史學家陶羅梅紐姆（今西西裏島的陶爾米納）的提麥奧斯[1]曾經進行過各城邦名錄的比較，發現了各種各樣的分歧。

　　即使就羅馬執政官而言，儘管在共和國早期之後，與之有關的證據相當充分（參見圖25），但是在私人的名錄中錯誤還是不能避免。

　　公元29年的兩位執政官是C. 弗菲烏斯·傑米努斯（C. Fufius Geminus）和L. 盧貝留斯·傑米努斯（L. Rubellius Geminus）；基督教早年流傳甚久的說法認為，耶穌是在兩位都姓傑米尼、分別名叫「盧弗斯」和「盧貝略」的執政官的年代受難的。4世紀晚期，薩

1　提麥奧斯（Timaeus，約公元前356–約前260），希臘歷史學家，西西里人，著有《歷史》38卷。

拉米斯的伊皮凡尼烏斯[2] 試圖為救世主耶穌基督編製生平年表時，使用了極不精確的執政官名錄，名錄中竟然把「兩位傑米尼」與「盧弗斯和盧貝略」當成兩對彼此無關的執政官（雖然他沒有把耶穌受難定在兩對中任何一對的年份上）。阿基坦的普羅斯珀[3] 在他的編年史（公元455年）中所用的名錄雖然不同，也好不到哪裏去，維克托利烏斯（參見第四章）也採用了這個名錄，這個名錄把兩位傑米尼的年份提前了1年。

2　伊皮凡尼烏斯（Epiphanius，約315–403），巴勒斯坦人，早期基督教教士。曾任塞浦路斯島上康斯坦蒂亞（今薩拉米斯）主教。

3　普羅斯珀（阿基坦的）（Prosper of Aquitaine，約390–約463），基督教教義論辯家。

圖25　卡皮托利尼歲時記的部分（羅馬執政官名錄）

王權紀年

在埃及和近東的各大君主國，獨特的年份標記體系是國王統治的年代。在這種體系下，如果人們想要清楚地知道過去，就要求手邊有歷代君主的名錄連同他們統治的時間跨度（參見圖26），而且它在應用於將來時也不太方便，因為人們無法知道在位君主的統治將延續多久，即使這位君主明白這不可能是永久的。

儘管如此，王權紀年還是在公元537年為查士丁尼皇帝[4] 所採用，並在歐洲廣泛流傳，甚至在皇家大臣的官署之外也是如此；人們要求瞭解英格蘭的國王和女

4　查士丁尼一世（Justinian I, 483–565），拜占廷皇帝（527–565在位）。

王以及他們的年代不僅僅是出於愛國主義的原因，因為如果不瞭解這些，就無從知道愛德華六世[5] 3年的一份公文是取代了亨利八世[6] 23年的那一份，還是為它所取代。直到1962年這還是為聯合王國的議會法案標注年份的官方方法（雖然不再是援引時最常用的方法）。

那麼王權紀年從何時開始呢？從查士丁尼往後，是從君主登上寶座的周年紀念日開始計數的（參見加框文字），不論日期。另一方面，在古代王國裏，通常的原則是從常規的新年起計數國王在位的年份，而不論他的統治從哪一天開始。

這就使得君主登基和新年之間的這段時間成了問題。在蘇美爾和巴比倫，這稱為統治時期的開始（或甚至將它歸於前國王的王權紀年）；由於這將國王登基的這一年與他統治時期年份的計數區分了開來對待（後者從他的第一個新年開始），這種計量方式的現代專業術語是登基－年份體系。

與之相反，在埃及，國王的第一年從他登基時開始，並在最後的那個月份外日期（參見第二章）結束（第18到20新王朝除外，它們使用現代的周年體系），這樣他的第二年和隨後的各年都在Thoth月1日開始。這稱為非登基－年份體系；這種體系為馬其頓的統治者和

5　愛德華六世(Edward VI, 1537–1553)，英格蘭國王(1547–1553在位)。
6　亨利八世(Henry VIII, 1491–1547)，英格蘭國王(1509–1547在位)。

A fragment of the Turin Canon of Kings.

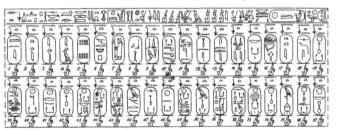

Part of the Table of Abydos.

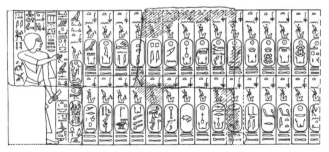

Part of the Table of Sakḳâra.

圖26　埃及國王名錄殘片

從加冕到登基

在中世紀的歐洲，君主常常從他們加冕時計數他們的在位年份，因為正是加冕後他們才正式當上了國王。即使是征服者威廉[1]也不是從懺悔者愛德華[2]之死計數他統治的日期的，儘管他聲稱自己是後者的合法繼承人；他也不是從黑斯廷斯戰役起計數，雖然那時他成為了英格蘭的主人；他是從1066年聖誕節加冕起計數的。然而，當亨利三世[3]在1272年11月16日逝世之際，他的兒子和繼承人愛德華一世[4]正在聖地[5]，從那裏他得花兩年時間才能返回；他在20日宣佈為王，他的統治年代也就從這個日期起計數。從此以後，「國王的和平統治隨國王而逝」被「老國王駕崩，新國王萬歲」所取代——這是從法國引進的，法國的卡佩王朝[6]在987至1316年期間曾有8代王冠由父親傳給了兒子。

1　威廉(征服者)(William the Conqueror，約1028–1087)，法國諾曼底公爵，英格蘭第一位諾曼人國王(1066–1087在位)。1066年秋領兵攻入英格蘭，擊潰英軍，同年聖誕節加冕為英格蘭國王。

2　愛德華(懺悔者)(Edward the Confessor，約1003–約1066)，英格蘭國王(1042–1066在位)。早年曾流亡至法國諾曼底，因尚無嗣指定諾曼底公爵威廉為繼承人。臨死前又指定戈德溫家族的哈羅德為繼承人。在後者登基後，威廉入侵英格蘭並奪取王位。

3　亨利三世(Henry III, 1207–1272)，英格蘭國王(1216–1272在位)。

4　愛德華一世(Edward I, 1239–1307)，英格蘭國王(1272–1307在位)。

5　指耶穌的故鄉巴勒斯坦。

6　卡佩王朝(Capetian Dynasty)，中世紀封建時期自987–1328年的法國王室。其歷代國王通過擴大和鞏固王權為法蘭西民族國家奠定了基礎。

直到戴克里先[7]為止的羅馬皇帝所一直使用，而且也為伊朗的薩珊王朝國王從公元3世紀到7世紀所使用（只要他們使用紀年就這樣做）。在西方這是為人們所熟知的計數馬的年齡的方法；在《聖經·舊約》裏也能看到這種方法，但並非僅此一種。登基–年份體系和非登基–年份體系，以及秋天新年與春天新年（第六章）的並存，使得《聖經》的紀年成為一個惡夢。

除了埃及，在537年之前羅馬皇帝並不用他們的統治年數來標記年份；他們完整的頭銜宣告了他們獲得年度護民官權力准許（他們統治的合法基礎）的次數，但是這不用於紀年；舉例來說，他們對法律調查的回應是按當年的執政官來標記年份的。這並未阻止他們的臣民用其統治年份計數，只要他們覺得方便就這樣做，但是會根據地區的原則：當聖路加[8]將施洗者約翰開始佈道的年份確定為提比略[9]15年時，這對於為他提供信息的猶太基督徒來說可能是公元28年春天至29年春天，對於在安條克的路加本人是公元27年10月1日至28年9月30日，對於亞歷山大的讀者來說是公元28年8月29日至29年8月28日，而對於羅馬人來說是公元29年1月1日至12月31日。

7　戴克里先（Diocletian，245–約316），羅馬皇帝（284–305在位）。

8　路加（Saint Luke），根據基督教傳說，路加是《新約》第3部福音書《路加福音》以及《使徒行傳》的作者和聖保羅的夥伴。

9　提比略（Tiberius，公元前42–公元37），羅馬帝國第2代皇帝，公元14–37在位。

特定的週期

　　面對各種各樣的人名紀年中彼此各不相符的官職任期，希臘歷史學家從公元前3世紀開始採用了連續兩次奧林匹亞競技會之間的4年週期；根據記載，競技會是從公元前776年開始的，而且在夏天舉行。這個體系雖然局限於作為歷史參照（除了在奧林匹亞[10]之外），但它能夠為任何城邦的任何希臘人所領會（儘管作者仍然把一種曆法中的年份等同於另一種曆法中的年份，即使它們始於不同的時間，或者把他們的敘述擴展到整個競賽季而不顧年份的改變）。

　　因此兩次奧林匹亞競技會之間的4年時間是週期紀年法的一個例子，這一紀年法取一個固定的年數作為週期，單個年份以它在這個週期中的位置來計數。這個週期本身也被計數則不常見。更為典型的例子是年期，這是一種（通常認為）在公元312年確立的15年的徵稅週期；這個週期本身幾乎是從不計數的，但是年固定地稱為「第幾年期」，意思是這個週期中的第幾年。在羅馬帝國晚期，年期很快就運用到非財政方面去了，對於大多數人來說它比官方的執政官紀年體系更重要；在拜占廷的文獻中，它比我們在下一節看到

10　奧林匹亞(Olympia)，希臘古代宗教聖地和奧林匹克運動會發祥地。在伯羅奔尼撒半島西部。當地史跡最早為公元前2000–前1600年。

的世界年遠為可靠，因為後者可能會以幾種不同方式中的任意一種計數。

年期也曾在中世紀的西方出現，部分由於前羅馬帝國的殘餘影響，部分由於狄奧尼西復活節查定表（第四章）的流傳，但它與從前相比並不具有相同的權威性。在東方，年期在君士坦丁堡從9月1日起計數，它使得我們能夠確定哪一種形式的世界紀元被應用，而在西方，是公曆紀年、王權紀年，或者最好是兩者結合起來指明年期是從幾個可能的日期中的哪一個開始計數的。

最重要的紀年週期是12年的動物週期，用於中亞和東亞，通過中國的占星術而在西方聞名。週期中的年份不用數字計數，而是根據掌轄的動物稱呼：鼠、牛、虎、兔、龍、蛇、馬、羊、猴、雞、狗和豬。（有一些地區性的變更：水牛可能代替公牛，而在越南，貓代替了兔。）在中國，這些動物與十二地支相關，又與十天干一起構成了60年的週期。但是這種六十干支的週期，不僅用於紀年，還用於紀月、紀日和紀時（2小時的時辰）；在古代的記載中，干支紀日比用月份和日期紀日更常見。

與60年週期並存的還有年號，通常譯為「紀元」。在1368年以前，每位皇帝在他登基時都會使用某個吉祥的名稱宣佈新紀元，而日後他認為合適的時候還可再次開始新的紀元；從1368年以來，每位皇帝

的整個統治時期即是自己的紀元,而他的年號應用於皇帝本人逝世之後。這樣,生產中國最著名瓷器的那個年代的皇帝不是乾隆皇帝,它們是產於「乾隆」紀元之後[11]。

在日本,年號(nengō)紀元與君主的統治時期作為同一意義上的時間範圍是始自1868年。日本人使用的是非登基-年份體系,而從1873年起還使用格列高利曆:昭和1年從裕仁天皇登基的1926年12月26日那天起算至31日,而平成(當前的紀元)1年從1989年1月8日至12月31日。

舊中國在末代皇帝被推翻之後,曾代之以中華民國紀元;年份是從1912年根據登基-年份體系計數的。那一年也是金日成誕辰的年份,因此是朝鮮在1997年確立的非登基-年份自主紀元的曆元,「自主」這一名稱源自朝鮮公開表示的它的原則。這些都可以看作(政治感情排除在外)真實的紀元,而不受個人的一時心血來潮或生平的限制。

---

11 這裏作者所述有誤,作者混淆了「年號」與「廟號」。年號是我國封建時代皇帝紀年的名稱,歷代皇帝都立年號,有時一帝換十幾次年號。從明太祖洪武元年(1368年)起,明清兩代一個皇帝一個年號。廟號是皇帝死後諡贈的尊號。例如,愛新覺羅‧弘曆生前在位時年號為「乾隆」,死後的廟號為「高宗」。上文所述乾隆年瓷器確系乾隆在世時製造。

紀元

　　「紀元」這個術語指的是年份從某一起點——即曆元——開始連續計數、而不必回復到1的年代順序排列，它源自古典時代後的拉丁語詞*aera*或*era*，正是表示某一事物在數字序列裏的位置，因此被用於年份的編號(現在以法語詞*millésime*稱之)。「紀元」在年代學上的應用起源於西班牙，在那裏年份用當地的計時體系表示(參見下文)，不是稱為年(*anno*)，而是稱為(a)*era*(例如，*era mclxxiii*表示「第1173」＝公元1135年)；這個詞推及到表示這個計時序列本身，接着又推及到與此類似的其他序列。用紀元計時的極大好處是兩個事件之間的時間間隔很容易計算，而不必累加列位君主的在位年數，或點數名錄中有多少個行政長官，而且往後的年份無論多遠也能隨意確定。

　　紀元的曆元可以是正確標記日期的歷史事件，例如先知穆罕默德的*hijra*，即從麥加出發前往麥地那的時間；伊斯蘭曆的紀元正是由此計數的(參見第六章)。但是從年代學的目的來說，如果這個日期是錯誤的或可疑的，或是這個事件本身只是傳說，這都無關緊要；前者如基督紀元的例子，後者如神武天皇在公元前660年的登基，在極端民族主義的時代，日本的年份正是從那時起開始計數的。

　　紀元既可以對當前的年份計數(這時第一年直接從

曆元後開始)，又可以對已過去的年份計數(這時只有當一年結束以後才開始計數)。在計算年齡時這兩種體系我們都經常遇到：當我們說一個人正處在他或她的第25年時，我們計數的是當前的年份，但是當我們說同一個人是24歲時，我們計數的是已過去的年份。除了在印度之外，在紀元計時體系中計及當前年份是一種規範；在印度的許多紀元中，最重要的是Saka紀元，它從公元78年起計數過去了的年份，印度的國家曆就以它為基礎(參見第六章)。

在希臘化和古羅馬時代，為了紀念政治事件有為數眾多的地方性紀元，但是在相關的城邦或行省之外就罕有任何意義。由於羅馬人在羅馬建城的正確日期上不能達成一致意見，因此這些紀元中不包括關於羅馬的現代著作中經常出現的、從公元前753年起計數的 *ab urbe condita*(拉丁文，意為「在城市建成之後」——譯注)；若有人說某件事發生於羅馬建城之後多少多少年，這就像在英語中說「諾曼人征服後100年」一樣，都是非正式的紀年。

古典時代最重要的紀元是西亞的塞琉西國家紀元。公元前311年，巴比倫的馬其頓統治者塞琉古[12]總

---

12 塞琉古(Seleucus I Nicator，公元前358/354–前281)，塞琉西王朝和亞細亞塞琉西帝國締造者。曾為馬其頓帝國亞歷山大大帝部將。公元前321年馬其頓帝國分裂，塞琉古成為巴比倫總督。公元前305年稱王，為塞琉古一世。

督在用軍事力量重新確立其權力之後，開始從Nisanu月1日計數他的新政權的年份，在這一年該日相應於4月3日；幾年之後他取得國王頭銜，卻並不改變這樣的計數。他的馬其頓和其他希臘臣民也採用它，但是在應用於開始於秋天的馬其頓年時，他們把曆元提前了6個月，在公元前312年下半年而不是公元前311年上半年。在他死後——此時他的王國已從土耳其延伸到塔吉克斯坦——他的繼承者保持了這種紀年法。在整個古代時期這一紀元一直傳承着；猶太人（他們稱它是「契約的計數」）繼續使用到文藝復興（在也門甚至延續更久），而聶斯脫利派[13]基督徒則一直存留這一紀元到20世紀下半葉；從那時起，他們稱自己為東方亞述教會，採用了曆元為公元前4750年4月1日的紀元，這是據猜測亞述城[14]建城的日期。

其他的一些紀元，諸如阿拉伯行省紀元（曆元為公元106年3月22日），行用地區相當狹小而且大多數存續短暫；存續時間較長的一個例外是西班牙紀元，曆元為公元前38年1月1日。傳說這與奧古斯都大帝有關；儘管沒有明確的歷史根據，但它可能是用來紀念羅馬征服比利牛斯地區，因為在那裏發現了最早（但是存有

---

13 聶斯脫利派（Nestorianism），基督教的一派，源起於小亞細亞和敘利亞。現在該派信徒大多居住在伊拉克、敘利亞和伊朗。

14 亞述城（Ashur），古代亞述的宗教中心，即今伊拉克北部尼尼微省底格里斯河西岸的舍爾加特堡。

爭議)的這一紀年的實物。這個紀元從4世紀晚期就無可辯駁地被證實；它曾經用於西哥特[15]的西班牙(除了極東部地區，那裏它只在復地運動[16]之後才出現)，並持續地正式使用到中世紀晚期：在阿拉貢到1350年，在卡斯蒂利亞到1383年，在葡萄牙到1422年。

世界紀元

在猶太人中間最終取代塞琉西紀元的是世界紀元，這是一種從創世開始計數的體系；為此目的，他們採用了已經用於曆法計算的曆元，即公元前3761年(參見第六章)。這樣，從2004年9月16日至2005年10月3日的猶太年份是AM 5763，常常(尤其在希伯來文中)寫為'763；AM代表*annus mundi*，即「世界年」，這是任何世界紀元中對於年的習用標識，包括由基督徒設計的世界紀元。這樣的紀元的基礎是《聖經‧舊約》的年代學；《聖經‧舊約》遠稱不上簡單，而且其希伯來文本和聖哲羅姆[17]的拉丁文本比稱為《七十子希臘

15　西哥特人(Visigoth)，哥特人(起源於斯堪的納維亞南部的日耳曼民族)的一個分支。4世紀時與東哥特人分離，不斷侵犯羅馬的領土，並在高盧和西班牙建立龐大的王國。

16　復地運動(Reconquista)，中世紀伊比利亞半島的基督教國家為從穆斯林(摩爾人)手中奪回被侵佔的領土而進行的一系列鬥爭。從8世紀初開始一直延續至13世紀中葉。

17　聖哲羅姆(Saint Jerome，約347–419/420)，早期西方教會中學識最淵博的教父，將《聖經》希伯來文《舊約》、希臘文《新約》譯成拉丁文。

文本聖經》[18] 的希臘文譯本要短得多。各種世界紀元主要是由講希臘語的學者創設的，始於塞克斯圖斯・尤利烏斯・阿非利加努斯[19]（約221年），他把基督的被孕放在3月25日，並把它作為AM 5501年的第一日。這通常被看作是公元前2–前1年（雖然並非他的所有時間計數都與此吻合）。近一個世紀之後，凱撒里亞的優西比烏斯[20] 把創世的時間定在公元前5200年，基督降生是在AM 5199年；然而，他更喜歡稱這一年為「亞伯拉罕2015年」。

通過哲羅姆所翻譯的優西比烏斯的《編年史》譯本的流傳，後者的計算在西方成為標準理論；這一直延續到比德依據拉丁文的《聖經》把創世與耶穌降生之間的時間縮短到3952年為止。然而，其他的一些講希臘語的學者更傾向於阿非利加努斯的較長間隔，或者是與之接近的間隔，但把創世校正到在星期天發生；最受青睞的是安尼亞努斯（Annianus，5世紀早期）的紀元，其中創世發生在Phamenoth月29日星期天=公元前5492年3月25日，而道成肉身，即耶穌基督的被

18　《七十子希臘文本聖經》（Septuagint），《聖經・舊約》現存最古老的希臘文譯本，是根據希伯來文本譯成的，約成書於公元前3–前2世紀。

19　阿非利加努斯（Sextus Julius Africanus，約180–約250），早期基督教歷史學家。他的最偉大著作是《年代志》5卷，敘述公元前5499至公元221年間的歷史。

20　優西比烏斯（凱撒里亞的）（Eusebius of Caesarea，？–約340），4世紀基督教主教，教會史著述家。

孕，是在AM 5501年Phamenoth月29日星期一＝公元9年3月25日。然而，雖然以創世的周年紀念日來計數年份在神學上具有吸引力，但是在實際生活中則很不方便；因此曆元校正到創世前的民用曆新年，即公元前5493年的Thoth月1日／8月29日。這導致道成肉身和基督降生不在同一年：亞歷山大人不是把基督降生的年份定為AM 5502年，而是把道成肉身定在了AM 5500年，這樣做的好處是把它放在了公元8年3月25日星期天；根據推測基督降生應該發生的AM 5501年現在開始於公元8年8月29日。這成為在埃塞俄比亞仍在使用的一種紀元的第一年，在那裏恩典年2000年將開始於舊曆8月30日＝2007年9月12日。

7世紀的《復活節年代記》（*Chronicon Paschale*, 這麼題名是因為它以記敘復活節的計算開篇）選擇了公元前5509年3月25日為曆元。然而，拜占廷晚期傾向於把創世推遲到9月1日民用年的開端；另一個不成功的選擇方案是公元前5508年3月25日。在俄羅斯，創世年是常見的時間計量體系，最初從公元前5508年（少數時候從公元前5509年）3月1日起計，但是到了14世紀晚期從公元前5509年9月1日起計，直到彼得大帝[21]頒佈敕令，定AM 7308年12月31日的次日為舊曆1700年1月1日。

21　彼得大帝(Peter the Great, 1672–1725)，俄國沙皇(1682–1721)和皇帝(1721–1725)。俄國偉大的政治家、組織家和改革家。

持久的王權紀年

某些紀元由君主去世後延續下去的王權紀年發展而來：正如我們在第六章所見，瑣羅亞斯德紀元是對國王伊嗣埃三世的紀念，他即位的第一年始於公元632年6月16日。有些這類紀元是天文學家創設的，他們認為連續計數很有用：有一種那波那薩爾紀元，以埃及人的「遊移年」從Thoth月1日＝公元前747年2月26日起計數，這是巴比倫王那波那薩爾的第一年（在埃及的計數體系中），正是從他治下開始天文記錄被保存下來；另一種是戴克里先紀元。

當奧古斯都（這是他後來稱帝后的稱號）在公元前30年征服埃及之後，他在一般的行省體系之外作為國王通過總督——或稱「行政長官」——統治埃及，按照已確立的非登基體系計數他的年份。他的繼承者遵循這套程式，直到公元3世紀末，戴克里先皇帝把埃及納入經他改革的行省制度，並引入了執政官紀年體系。這對於天文學家來説是極其不方便的，因為他們需要保存執政官名錄才能弄清楚自己的觀測記錄；於是他們對此置之不顧，繼續使用戴克里先的王權紀年計數年份（他即位的第一年是公元284/5年），即使在他於305年遜位後亦然。這是在亞歷山大的復活節查定表中用以標識年份的方法；它擴展到也用於一般的計時目的，而且仍然是科普特教會所喜愛的紀元。然而，

由於戴克里先在他掌權的最後幾年發動了對教會的大規模迫害，從7世紀以來該紀元即更名為殉教士紀元。在殉教士紀元532年(＝公元815/6年)之後，往往年份又以532年的復活節週期反復計數，以至於(舉例來說)257年可能不是540/1年，而是1072/3年或1604/5年。

基督紀元

對迫害者名字的憎惡也是小狄奧尼西在他的復活節查定表中以道成肉身紀元取代戴克里先紀元的原因：「這樣我們將更懂得我們希望的開始，而人類得以救贖的緣由，即我們的救世主的受難，將更清晰地照耀前方。」道成肉身不是受難；但是狄奧尼西把他的前輩維克托利烏斯撒在了一邊，後者在其復活節查定表中使用以公元28年為曆元的受難紀元來標記年份，這是他的同胞普羅斯珀對兩位傑米尼所在年份的錯誤的認定。(已知的受難紀元不止這一個：在比德時代的羅馬，年份從公元34年起計數，或可能是33年；在東方還出現過其他日期。)

狄奧尼西把他的道成肉身日期視為不成問題也毫無爭議，既未說明他是如何知道的，也未宣稱這是他自己的發現。由於大多數更早的作者將道成肉身定在公元前2年，這件事似乎難以解釋：一種說法是他誤讀或者誤寫了編著於3世紀晚期的優西比烏斯的《編年

史》（或其哲羅姆的譯本）中以奧林匹亞競技會週期表示的戴克里先登基的年份；然而，由於基督降生於公元1年已見於354年編成的曆法中，另一位學者遷怨於優西比烏斯，認為他在我們所知的由他制定的復活節查定表中有計算錯誤。

另一種推測是狄奧尼西故意捏造數字，以使閏年繼續保持能被4除盡，正如在亞歷山大的復活節查定表中一樣；因為雖然閏日已經加在前一年中，但是正是在4的倍數的年份它會影響到復活節的計算，例如戴克里先紀元的224年。如果戴克里先紀元248年相當於道成肉身紀元的532年，而不是531年或533年，則始終是方便的。教會歷史學家索克拉蒂斯[22] 把關於瓦林斯[23] 皇帝於 V Kal. Mart. 登基的報告翻譯成希臘文，用通常的方式把該日期還原為2月25日，卻沒有意識到那一年是閏年，正確的日期應是26日。要是他像我們一樣知道這一年是364年，他本該能立即看出真相的。

不過，狄奧尼西的曆元與它所取代的公元前2年一樣，有着相同的缺陷：它們與兩部福音書[24] 的敘述都

22　索克拉蒂斯(Socrates，約380–約450)，拜占廷教會史學家、律師、第一個撰修教會史的在俗信徒，所著《教會史》敘述4、5世紀的宗教和世俗的史跡。

23　瓦林斯(Valens，約328–378)，東羅馬皇帝(364–378在位)。364年3月28日被其兄任命為同朝皇帝，統治帝國東部。

24　福音書(Gospels)，《聖經·新約》的4卷，記敘耶穌基督的生平和受難。即《馬太福音》《馬可福音》《路加福音》和《約翰福音》。

有出入。聖馬太[25]講述的博士[26]和諸聖嬰孩殉道的故事要求基督降生發生在希律大帝[27]於公元前4年的逾越節去世之前至少2年，而聖路加的敘述則把它放在了公元6年，當時「昔蘭尼烏斯」（Cyrenius），也就是P. 蘇爾皮西烏斯·基林紐斯（P. Sulpicius Quirinius）正把朱迪亞[28]合併到羅馬的敘利亞行省中去。關於這一問題還沒有任何解答既令相信《聖經》所述皆為事實的信徒滿意，又令非信徒滿意。

道成肉身的年份

當傳教士們說耶穌基督降生於多少年以前的聖誕節時，他們總是給出當年的年份，這就意味着基督降生發生在公元前1年12月25日[29]；這正是那些從那個日期起計數紀元的教會和修道會的觀點（參見下文）。相比之下，雖然這是狄奧尼西19年週期中的第一年，比

25　馬太（Saint Matthew，活動時期1世紀），耶穌的12使徒之一。據傳是福音書中的《馬太福音》的作者。

26　博士（Magi），基督教傳說中的3位人物。他們靠導星引路，從「東方」到伯利恒，敬拜嬰兒耶穌，稱他為猶太人之王（見《新約·馬太福音》第2章1–12節）。

27　希律大帝（Herod the Great，公元前73–前4/3），羅馬統治時期的猶太國王，希律王朝的創建人。

28　古巴勒斯坦的南部地區，包括今巴勒斯坦的南部地區和約旦的西南部地區。

29　因為公曆紀元沒有0年，公元1年的前面一年就是公元前1年。

德卻根據愛爾蘭的文獻資料，認為他把道成肉身放在與這個週期的第二年相吻合的那一年，即公元1年；這更符合以當前的年份而不是以已經過去的年份來計數的傾向，雖然243年有人設計了一種按照出埃及一事計算已流逝的年份的紀元。狄奧尼西本人不大可能想過這個問題。

公元紀年的傳播

狄奧尼西的道成肉身紀元與維克托利烏斯的基督受難紀元一樣，原來都是為復活節查定表而設計的；有幾個作者把它用於年代的比較計數，一般與和它不相一致的優西比烏斯的計年法並行使用。然而，在復活節查定表的空白處寫上編年史或簡要記載下一年中事件的習慣，使得紀元體系和年份建立起了更為緊密的聯繫；愛爾蘭和英格蘭的修士們更樂於這麼做，因為在他們看來，羅馬皇帝是外國的君主，而他們的國家分屬好幾位國王和公侯。

雖然在愛爾蘭確定年份的通行方式——至少在教士們的寫作中——是用1月1日的星期和陰曆日期，但是我們發現早至658年已存在明白無誤的維克托利烏斯基督受難紀元的紀年體系。7世紀晚期在諾森布里亞，狄奧尼西的復活節計算法與維克托利烏斯的相比佔了

上風，因此，當弗里西亞人[30]的使徒威利布羅德[31]在日曆中記錄下他「於基督道成肉身以來的第690年」越海至法國，於695年被授以大主教一職，並於728年還在世時，他使用的正是狄奧尼西的紀元。

然而，最重要的時刻是比德決定在他的《英格蘭人教會史》中以狄奧尼西的紀元(而不是以他在編年史中所用的世界紀元)作為紀年之用；《教會史》立時成為經典之作，使得道成肉身紀年體系引起了歐洲大陸讀者的注意，此後他們即在適當的時候開始採納它為己用。雖然也有其他一些曆元被提了出來(如10世紀弗勒里的阿波建議的公元前22年和11世紀富爾達的馬里安納斯·斯科圖斯[32]建議的公元前23年，都是為了挽救基督受難發生在3月25日，即公元12年*luna XIV*的西方傳統)，且11世紀洛撒林賈的蓋爾蘭圖斯(Gerlandus of Lotharingia)通過在公曆紀年中扣除7年而在儒略曆中採用亞歷山大的道成肉身紀元，但是狄奧尼西的紀元還是佔了上風，甚至取代了根深蒂固的西班牙紀元，而且超出基督教世界，成為了世界範圍的標準。

30　弗里西亞人(the Frisians)，日耳曼人的一支，講一種與英語很接近的語言，居住在弗里西亞群島、荷蘭北部等地。

31　威利布羅德(Willibrord, 658？–739)，盎格魯–撒克遜基督教傳教士，荷蘭主保聖人。

32　馬里安納斯·斯科圖斯(富爾達的)(Marianus Scottus of Fulda, 1028–1082/1083)，愛爾蘭編年史家，用德文撰寫了一部從創世到1082年的世界通史。

「基督前」的日期計數

基督紀元是曆元前的日期以「曆元前某某日期」為標注的唯一紀元；如果説在中世紀人們還偶爾會以羅馬建城或西班牙紀元之前多少多少年作為非正式的參照去比附一些事件，那麼自18世紀以來，以「基督前的年份」（公元前）來計數，和以「我們的主的年份」（公元）來計數一樣，成為了一種規範。主要的抵制來自於研究古羅馬的德意志歷史學家，他們傾向於把「瓦羅[33]的」羅馬城建立日期視為標注，而只是在基督紀元的曆元之後才轉換為基督紀元，以至於在753年之後緊接着就是1年；這種用法現已廢棄。

天文紀年

雖然在通常的應用中公元1年之前是公元前1年，但是在天文學的計數中，1年（「年」字並不標出）之前是0年，再前1年是–1，相應於公元前2年；相應地公元前45年是–44，公元前100年是–99，依此類推。這不僅有助於計算（從–7到3是3–（–7）年=3+7年=10年），而且使所有能被4整除的年月都是閏年；在通常的計年中，

33　瓦羅（Marcus Terentius Varro，公元前116–前27），羅馬最偉大的學者和卓有成就的諷刺家。

這只能應用於公元後的年份，至於公元前的閏年，要看是否符合4n+1的形式。

紀元的意識形態內涵

雖然王權紀年可能在政治鬥爭中傳達一種信息，但是就年代序列而言，意識形態最鮮明的形式是紀元。我們已經見到過許多實例，這裏還可以再加上一個：在伊朗，當穆罕默德·禮薩國王（Mohammad Reza Shah）於Hejri（法爾斯語的發音為hijrī）太陽曆的1354年Esfänd月24日（相應於1976年3月14日）頒佈一種從居魯士大帝[34]公元前559年登上波斯王位時計數的新的Shahänshahi（「帝國的」）紀元、於一周後（1354年是閏年）2535年的Nawruz開始實行時，這引起了一場動亂。

這一舉措是為把當時的王朝與古代光榮的阿契美尼德王朝[35]聯繫起來的諸多嘗試之一，但被人民認為是對伊斯蘭教的冒犯。設想一下如果墨索里尼不是設立了以1922年10月29日為曆元的法西斯紀元，並讓其與基督紀元並用，而是以羅馬紀元取代基督紀元，以至於1923年成為2676年，一個西方讀者可能會稍微體會

---

34 居魯士大帝（Cyrus the Great，公元前590/580–約前529），波斯政治家和阿契美尼德王朝的開國君主（公元前559–約前529在位）。據《聖經》記載。居魯士在巴比倫釋放了囚禁的猶太人，使他們返回家園。

35 阿契美尼德王朝（Achaemenian Dynasty，公元前559–前330），伊朗古代建立和統治阿契美尼德帝國的王朝。

到民眾因這一舉措而感到的憤怒。民眾的抗議迫使國王從1357年Shährivar月5日(1978年8月27日)起又恢復了Hejri紀元。

基督紀元的地位已牢牢確立，因其宗教的起源而向它提出質疑已不起多大作用；事實上，在基督教從來不是大宗教的中國，不信奉宗教的共產黨人將它定為官方紀元。然而，它的名稱遭到非議；穆斯林隨意地稱它為*milādī*，即「基督降生」年，而歐洲大陸的非教徒則更喜歡直截了當地稱「我們的」紀元(*notre ère, unsere Zeit*)(前者為法語，後者為德語─譯注)；在講英語的群體中，在猶太人中已作為標準使用(與希伯來語*ha-sefirah*，即「計數」比較)的「公元紀元」(Common Era)這個詞在美國的學術寫作中流傳開來。甚至一些基督徒也接受了它，不論是出於反對改變宗教信仰的精神，還是因為沒有根據去相信紀念基督誕生的這一紀元的曆元是這個事件發生的真正日期。儘管如此，如果不是紀念基督的誕生，這一年根本沒有存在的意義，因為公元前1年或公元1年沒有其他具有世界性歷史意義的事件發生。

年的開始

如果要使道成肉身和基督降生都發生在同一年的話，那麼它的開始一定不能晚於3月25日；但是這個日

期對於計算年[36]是不可能的，因為復活節可能超前於它。然而狄奧尼西通常的陰曆年預先假定一年開始於9月，正如在拜占廷那樣（是比德從1月開始重新計算了它們）；如果不得不說明，他也許會說，他的曆元年從9月1日起持續到8月31日，包含道成肉身，他是從它開始計數年份的，但不包含基督降生，他並未從它開始計數。

然而，他的西方讀者要花上一些時間才能認識到道成肉身與基督降臨的差別。計數年份常常並不是從公元1年1月1日 —— 教會所厭惡的一個日期，因為它認為其未能成功廢止的許多異教節日在這一天 —— 而是從7天之前的公元前1年12月25日開始，這個日期是假定的基督降生日。儘管比德重新作了計算，這仍是盎格魯-撒遜的英格蘭的做法，也在本篤會的修道院裏長期使用；但是它終於被另一與之匹敵的規則所取代，這正是從3月25日的道成肉身 —— 即聖母領報，亦即聖母節 —— 起計數。我們發現在10世紀晚期，法國南部和意大利北部的部分地區取曆元為公元前1年3月25日，導致在12月31日之前的紀年數比現代的計數高1；除了在比薩以外，這一方法很快就不再受到青睞，因此它被稱為「比薩的計算」（calculus Pisanus）。傳播更為廣泛的是取曆元為公元1年的聖母領報，它在1月1日與3月24日之間的紀年數比現代的計數低1；這

36　原文為computistic year，指與計算 luna XIV 有關的年份，參見第四章。

是佛羅倫薩和英格蘭的特徵，因此它被稱為「佛羅倫薩的方式」（*stilus Florentinus*）或「英格蘭教會的習俗」（*consuetudo ecclesiae Anglicanae*）。

比薩和佛羅倫薩一直保持着它們各自的用法，直到1749年托斯卡納[37]的利奧波德大公（Grand Duke Leopold of Tuscany）下令從1月1日起計數；英國的方式按1751年的議會法令作了改革（蘇格蘭從1600年起即使用1月1日）。威尼斯更願意從道成肉身月的開端起計數，也就是公元1年3月1日，而且在官方文書中一直這樣做，直到1797年共和國傾覆。如果說這種「威尼斯的慣例」（*mos Venetus*）比在一個月之內改變年份數的做法更加方便的話，那麼法國的習慣——即「高盧的慣例」（*mos Gallicus*）——取一年的開始在復活節，則是更加麻煩了：但是即使在國王於1564年下令廢除它之後，在法國的某些地方，當地人對這一敕令的抗拒使得它得以延用（在博韋西斯延續到了1580年）。

對文獻嚴謹的研究表明，中世紀年份數改變的日期在一國之內以及在國與國之間千差萬別，其差異程度甚至比參考書中所講的還要大。儘管如此，在拜占廷帝國以西的整個歐洲，即使是在採用從1月1日開始計數年份的現代曆之前，「新年」和其在其他語言中的對應詞通常也都是指稱1月1日。

---

37 托斯卡納（Tuscany），意大利中部大區，瀕臨第勒尼安海，首府為佛羅倫薩。774年由法蘭克人建為伯爵領地，1861年正式併入意大利。

混合的體系

某些基督教編年史根據532年的復活節週期規定它們紀元的年份；在格魯吉亞，從9世紀到19世紀，紀年按*Kronik'oni*的年份給出，這是一種從公元781年或1313年起計數的復活節週期，相應於公元前5604年創世以後的第13或第14個週期。科普特教會的殉教士年份也可以歸算為一個復活節週期的年份(參見第190頁)。

按特徵標示

正如我們已經看到的，愛爾蘭的教士普遍用1月1日的陰曆月份日期和星期內日期來標示年份；陰曆日期可以根據Latercus、維克托利烏斯或狄奧尼西查定表來取，這取決於教堂的習慣。按特徵標示年份也是中美洲太陽年的慣例，在那裏即是年份在260日週期的*trecena*和*veintena*中的位置。

儒略週期、儒略日

使古代文獻資料能夠體現出年月順序的工作始於博學大家約瑟夫·尤斯圖斯·斯卡利傑[38]的著作《時

38 斯卡利傑(Joseph Justus Scaliger, 1540–1609)，荷蘭語言學家和歷史學家。他比較各文明古國創造的計時方法，糾正錯誤，第一次把年代學建立在科學的基礎上。

間校正篇》（De emendatione temporum, 1583）；他借助了一種稱為「儒略週期」的新的時間計數方法。這是一種7980年的週期，由19年的黃金數週期、28年的太陽周和15年的年期週期結合而成；由於在未曾改革的曆法下，下一個與復活節週期同時結束的15年年期週期將發生在3267年，斯卡利傑把這一年定作JP 7980年（JP是儒略週期的英文縮寫—譯注），所以JP 1年是公元前4713年。對於公元前的任何一年，JP年份是從4714中減去這個年份，對於公元後的任何一年，則是在4713上加以這個年份；它在各週期中的位置分別是除以19、28和15的餘數。這樣，1583年是JP 6296，黃金數7，太陽週期24，年期11。

可惜的是，教皇格列高利的改革（斯卡利傑作為新教徒當然反對這一改革）剛剛廢除了復活節週期，而年期又毫無實際用途；不過天文學家發現這個曆元可以用來作為連續計數儒略日的基礎，即是從JP 1年1月1日（也寫為−4712 Ⅰ 1）星期一中午起，計數過去的天數的體系；這樣從那時起直到JP 1年1月2日中午的24小時即為JD 0（JD是儒略日的英文縮寫，這裏的數字0為0日──譯注）。若儒略日後隨小數，代表從前一日中午以來過去了的一日的部分時間，這稱為儒略日期。1925年起規定一日從子夜開始，為了與此相符並避免太大的數字，通常採用簡化儒略日期MJD；它是儒略日期減去2 400 000.5。例如，2004年3月31日上午6時是

MJD 53 095.25，相應於儒略日期2 453 095.75.儒略週期不應當與儒略年相混淆，後者是從公元前45年=JP 4669年頒行儒略曆的那年起計數的，岑索里努斯在公元238年曾經提到它，且一些早期的現代作者在討論《聖經·新約》的年代學時曾經使用。這構築了一個代替基督紀元的世俗的——而且沒有任何政治上的紛爭的——極佳計時體系，它與曆法、而不是與任何外部事件有關。但是它也有不方便之處，即閏年按$4n+1$的形式計算，而不是4的整數乘積，而更大的不方便則是改變人類普遍採用的紀元，即使在那些官方使用不同計時方法的國家也會導致混亂且代價高昂。

附錄一
埃及曆法

The Egyptian calendar

Month		1st day of month in year				
		BC	BC	BC	BC	AD
Old name	New name	1322/1	592/1	238/7	26/5	139/40
Flood						
1st month	Thoth	20 July	18 Jan.	22 Oct.	30 Aug.	20 July
2nd month	Phaophi	19 Aug.	17 Feb.	21 Nov.	29 Sept.	19 Aug.
3rd month	Hathyr	18 Sept.	19 Mar.	21 Dec.	29 Oct.	18 Sept.
4th month	Choiak	18 Oct.	18 Apr.	20 Jan.	28 Nov.	18 Oct.
Winter						
1st month	Tybi	17 Nov.	18 May	19 Feb.*	28 Dec.	17 Nov.
2nd month	Mecheir	17 Dec.	17 June	20 Mar.	27 Jan.	17 Dec.
3rd month	Phamenoth	16 Jan.	17 July	19 Apr.	26 Feb.*	16 Jan.
4th month	Pharmouthi	15 Feb.*	16 Aug.	19 May	27 Mar.	15 Feb.*
Summer						
1st month	Pachon	16 Mar.	15 Sept.	18 June	26 Apr.	16 Mar.
2nd month	Payni	15 Apr.	15 Oct.	18 July	26 May	15 Apr.
3rd month	Epeiph	15 May	14 Nov.	17 Aug.	25 June	15 May
4th month	Mesore	14 June	14 Dec.	16 Sept.	25 July	14 June
'Days upon the year'		14 July	13 Jan.	16 Oct.	24 Aug.	14 July
Next year began		19 July	18 Jan.	21 Oct.	29 Aug.	19 July

*29-day month

注意：月份的新名稱是於公元前6世紀的太陽曆中首次確認的；它們取自宗教儀式的陰陽曆，這種曆法調整得很好，使得陰曆的Thoth月總是在陽曆的Thoth月內開始。

附錄二
亞歷山大的復活節

　　如第四章所述，在羅馬和君士坦丁堡兩地都成為標準的復活節的計算方法，是改造自依據亞歷山大的計算結果的羅馬曆；在這個羅馬曆中，復活節的太陰曆與經奧古斯都改革的民用年相對照(參見下文的亞歷山大曆)。

　　這一太陰曆是一種名義上的猶太曆，沒有注意到應限定Tishri月1日是星期幾的規則，現實中無論亞歷山大或者其他地方的猶太人都沒有使用過它。它包含12個月份，大小月交替，每月的開始都包蘊於相應的太陽月之內，類似於埃及的宗教曆，而不同於每月的結尾包蘊於後者之內的西方曆法。為了使年不早於Thoth月15日開始，在週期的第2、5、7、10、13、16、18年的末尾加上1個30日的閏月。民用曆的閏日(相應於儒略曆閏年中的8月29日，在週期內發生4次或5次)沒有自己在太陰月中的日期；由於19×365=6935日以及19×354+7×30=6936日，週期的最後一年在第11個太陰月的末尾有一個「跳躍」，使得30的月齡在月份外的第5日(8月28日)達到。於是最後一個太陰月就從Thoth月1日至29日，即新週期中的第一個太陽

月，而第一個太陰月從Thoth月30日開始。由於月份外的第5日的太陰月日期作為次年的歲首月齡，週期每一次開始時的歲首月齡會是30、29(由於「跳躍」使得第11個太陰月為小月)或0。

為了求得任何給定日期是星期幾，亞歷山大的占星術士們設計了一種兩部分的算法。第一部分包括把戴克里先紀年除以4，略去餘數，把商數加到整個年數上，再加上一個參數2，然後以7整除後取餘數；如果沒有餘數，稱答數為7。這個過程產生了這一年的「諸神之日」(諸神即掌轄各行星的神祇)；對於每個月在它們之上加上2，直到所求日期的所在月份，含該月在內，加上月份內日期，以7整除，取1至7的餘數，這樣即可求得給定日期是星期幾。然而，基督徒注意到「諸神之日」相應於一星期從星期三而不是從星期天起計數的Thoth月1日的星期內日期，也因此相應於Pharmouthi月1日(3月27日)的星期內日期。於是他們未改變名稱就採用了它，作為尋求luna XIV之後的那個星期日的依據；舉例來說，如果luna XIV落在Pharmouthi月3日(3月29日)而且有7個諸神之日，他們就知道Pharmouthi月1日是星期二，那麼Pharmouthi月3日是星期四，因此復活節將在6日(4月1日)。

由於往後每過1年給定日期的星期內日期都推後1日(如果中間隔1個閏日，那麼要再推後1日)，而且由於1星期內有7個日期，又4年為1閏年週期，日期與星

The Alexandrian Calendar

1 Thoth	29 (30*) August	1 January	6 (5†) Tybi
1 Phaophi	28 (29*) September	1 February	7 (6†) Mecheir
1 Hathyr	28 (29*) October	1 March	5 Phamenoth
1 Choiak	27 (28*) November	1 April	6 Pharmouthi
1 Tybi	27 (28*) December	1 May	6 Pachon
1 Mecheir	26 (27†) January	1 June	7 Payni
1 Phamenoth	25 (26†) February	1 July	7 Epeiph
1 Pharmouthi	27 March	1 August	8 Mesore
1 Pachon	26 April	1 September	4 (3*) Thoth
1 Payni	26 May	1 October	4 (3*) Phaophi
1 Epeiph	25 June	1 November	5 (4) Hathyr
1 Mesore	25 July	1 December	5 (4) Choiak
Epagomenai	24–8 (24–9*) August		

* in Julian pre-leap year

† in Julian leap year

1　可分別指從復活節至升天節之間的40日，或從復活節至聖靈降臨節之間的50日，或從復活節至三一節之間的57日。

*　儒略曆中的閏年前年份

†　儒略曆中的閏年

期對應的整個週期就是7×4=28年（太陽周）。由於對於*luna XIV*有19個可能的日期，復活節日期的整個週期就是28 ×19=532年；這就稱為復活節週期[1]。然而，儘管亞歷山大人知道這一點，他們通常制定的復活節查定表只覆蓋5個默冬章，即95年，部分因為他們以為世界將在創世後的第6000年終結，相當於公元500年前後，部分因為按照亞歷山大曆法，在95年週期內同一日期在到達閏年之前會不斷落在同一個星期內日期，一到閏年它就會有1個星期內日期的提前。（按照儒略曆，在閏日之前，情況相同，但是從閏日往後以及因此在整個復活節季節[1]，次年的星期內日期將相同；另一方面，如果前一年是閏年，那麼後一年內的星期內日期將在閏日前與前一年的匹配，而在閏日後則不同。）

1　即復活節這天具有同一個太陽曆日期、同一個太陰曆日期和同一個星期內日期重複出現的週期。

詞表

accession-year system登基－年份體系：王權紀年體系之一種，其中從登基至新年的一段時期不予計數（這一術語偶爾也用於共和國首腦的登位——譯注）

annus vagus（複數為*anni vagi*）（拉丁文）遊移年：沒有置閏的曆法中的年份

apparent solar time視太陽時：按觀測到的太陽計量的時間，日晷指示的即是；相對於平太陽時而言

artificial day人工日：白天期間

civil day民用日：曆法中的日期，由法規或習俗確定

common year平年：沒有置閏的年份

concurrent（早期為concurrents或concurrent days）星期換算數：表示年份內日期與星期內日期關係的數字；在西方的曆法中以3月24日的星期內日期為標誌

current years當前年份：包括當年年份的計數

decemnovenal cycle 19年週期：應用於亞歷山大和西方復活節查定表中的默冬章

ekeweek超星期：作為置閏加入的星期

elapsed years過去年份：只對已經過去的年份的計數

embolism（形容詞為embolismic）置閏：與intercalation同義，但特別用於指閏月

epact月齡或歲首月齡：一給定日期的陰曆日期；也是一確定日期（通常這一日期選為陽曆年的1月1日——譯注）的陰曆日期，用來表示給定的陽曆年與陰曆的關係

epagomenal days月份外日期：不包含在月份內的日期(在有些太陽曆中，1年取12個月，每月包含30日，餘下的5日即是 —— 譯注)

epoch曆元：從其開始計數紀元的日期

equinox二分日：黑夜與白晝等長、各為12小時的那一天

feria(複數為feriae)星期內日期：在一星期內計數的日期

full month大月：在陰曆中包含30日的月份；與小月相對

Golden Number黃金數：在19年週期中年份的位置

hollow month小月：在陰曆中包含29日的月份；與大月相對

indiction年期：(可能)在公元312/3年確立的15年週期，也表示在這一週期中一給定年份的位置(例如，「第5年期」=這一週期中的第5年)

intercalation(形容詞為intercalary)置閏：在年份內添加附加的日、星期或月份；與embolism同義

lunar calendar陰曆：以月球環繞地球公轉為基準編製的曆法

lunar cycle太陰周：即默冬章，尤指用於拜占廷的復活節查定表的這一週期

lunation太陰月：從新月到新月的週期；也稱朔望月lune 陰曆日期：在陰曆月份內的日期

lunisolar calender陰陽曆：通過置閏使其與季節調適的陰曆

mean solar time平太陽時：假設地球整年以等距離環繞太陽運行、調整太陽視運動而得的太陽時，即日常鐘錶指示的均勻時間；與視太陽時相對

Metonic cycle默冬章：19個太陰年加7個閏月的置閏週期

millésime年份數：年份的序號

Modern Style現代曆：從1月1日起計數

natural day 自然日：地球繞軸自轉的週期，24小時；已改革的曆法中的一日，若非因為改革某一事件會落到此日

New Style 新曆：民用的格列高利曆

nominal day 標稱日：相應於未經改革的曆法中同一日期的改革後曆法中的日子

non-accession-year system 非登基－年份體系：王權紀年體系之一種，其中從登基至新年的一段時期作為第一年(這一術語偶爾也用於共和國首腦的登位 —— 譯注)

Old Style 舊曆：儒略曆

quantième 月內日期：月份內的日期

saltus(全稱為saltusc lunae)跳躍：從一個陰曆日期到接下來第2個陰曆日期之間跳過一日

sidereal year 恒星年：太陽相對於恒星連續兩次出現在同一位置之間的時間間隔

solar calendar 陽曆：以地球環繞太陽公轉為基準編製的曆法

solar cycle 太陽周：28年的週期，年與星期之間的關係以及置閏週期按這個週期重複

Sunday Letter 星期日字母：對於曆法中的日期循環標注的字母A至G，或一給定年份內相應於星期日標注的字母

synodic month 朔望月：與lunation同義

tale of days 計日：計數月份尸內日期的方法

tropical year 回歸年：從春分至春分之間的時段；天文學上定義為太陽的平黃經相對於動力學分點變化一整周經歷的時間間隔

vernal equinox 春分：二分日中在春天的那一日

推薦閱讀書目

A fuller treatment of subjects discussed in this book will be found in Bonnie Blackburn and Leofranc Holford-Strevens, *The Oxford Companion to the Year* (Oxford, 1999). The bibliography in this work and others listed below should be consulted.

Much information on calendars in general is provided by E. G. Richards, *Mapping Time: The Calendar and its History* (Oxford, 1998) and Nachum Dershowitz and Edward M. Reingold, *Calendrical Calculations* (Cambridge, 1997); the calculations in the latter book are devised for execution on the computer. Duncan Steel, *Marking Time: The Epic Quest to Invent the Perfect Calendar* (New York, 2000), is strong on matters astronomical. Less mathematically demanding is David Ewing Duncan, *The Calendar: The 5000-Year Struggle to Align the Clock and the Heavens – and What Happened to the Missing Ten Days* (London, 1998).

Alan E. Samuel, *Greek and Roman Chronology: Calendars and Years in Classical Antiquity* (Munich, 1972) is an invaluable resource; a broader study is E. J. Bickerman, *Chronology of the Ancient World* (London, 1968 and later editions).

Byzantine and other Eastern Christian chronology is treated by Victor Grumel, *La Chronologie* (Paris, 1958). The Insular 84-year cycle was first brought to light by Daniel McCarthy and Dáibhí Ó Cróinín, 'The 135 "Lost" Irish 84-Year Easter Table Recovered', Peritia, 6–7 (1987–8), 225–42, reprinted in Ó Cróinín, *Early Irish History and Chronology* (Dublin, 2003), 58–75; an improved account is given by McCarthy, 'Easter Principles and a Lunar Cycle Used by Fifth Century Christian Communities in the British Isles', *Journal for the History of Astronomy*, 14 (1993), 204–24.

Easter apart, the Christian liturgical year falls outside the scope of this study; among the many works dealing with it is Thomas J. Talley, *The Origins of the Liturgical Year*, 2nd edn. (Collegeville, MN, 1991).

On the week, see Eviatar Zerubavel, *The Seven-Day Cycle: The History and Meaning of the Week* (Chicago, 1989).

The Jewish and Muslim calendars are discussed in the standard reference works of the respective religions; Sherrard Beaumont Burnaby, *Elements of the Jewish and Muhammadan Calendars* (London, 1901) describes their mathematical bases in detail and gives extensive tables of equivalences. On the Jewish calendar's transition from observed to calculated, see Sacha Stern, *Calendar and Community: A History of the Jewish Calendar, 2nd Century BCE–10th Century CE* (Oxford, 2001). Complete conversion tables for the Muslim calendar will be found in G. S. P. Freeman-Grenville, *The Islamic and Christian Calendars, AD 622–2222 (AH 1–1650)*, 3rd edn. (Reading, 1995).

On the Chinese calendar, see Pierre Hoang, *A Notice of the Chinese Calendar and a Concordance with the European Calendar* ('Zi-Ka-Wei near Shanghai' = Xijiahui, 1900). There is a detailed study of the Coligny fragments by Garrett Olmsted, *The Gaulish Calendar* (Bonn, 1992). In India, the annual Rashtriya Panchang sets out calendars for the coming year according to the chief systems; for those in operation before 1957, see Robert Sewell and S´ankara Bâlkrishna Dîkshit, *The Indian Calendar* (London, 1896).

For Mesoamerican calendars, see Munro S. Edmonson, *The Book of the Year: Middle American Calendrical Systems* (Salt Lake City, 1988); Alfonso Caso, *Los calendarios prehispánicos* (Mexico City, 1967); Anthony Aveni, *Skywatchers*, 3rd edn. (Austin, TX, 2001).

Aveni is also the author of the more general study *Empires of Time: Calendars, Clocks, and Cultures* (London, 1990; paperback 2000). See too G. J. Whitrow, *Time in History: Views of Time from Prehistory to the Present Day* (London, 1988); Arno Borst, *The Ordering of Time: From the Ancient Computus to the Modern Computer*, trans. Andrew Winnard (Cambridge, 1993). Kristen Lippincott (ed.), *The Story of Time* (London, 1999), is richly illustrated and wide-ranging, as is Émile Biémont, *Rythmes du temps: astronomie et calendaires* (Paris and Brussels, 2000). J. T. Fraser (ed.), *The*

Voices of Time: A Cooperative Survey of Man's Views of Time as Expressed by the Sciences and by the Humanities, 2nd edn. (Amherst, MA, 1981) is also of interest.

Accessions and deaths of rulers, and useful information on the beginning of the year and the adoption of the Gregorian calendar in various countries, as well as Easter dates, will be found in Adriano Cappelli, *Cronologia, cronografia e calendario perpetuo*, 7th edn. rev. Marino Viganò (Milan, 1998). Tables of several calendars are given by Frank Parise, *The Book of Calendars* (New York, 1982), sometimes with excessive confidence.

Marie-Clotilde Hubert (ed.), *Construire le temps: normes et usages chronologiques du moyen âge à l'époque contemporaine* (Paris and Geneva, 2000), reprints articles published the previous year in the *Bibliothèque de l'École des chartes*, several of which have proved useful for the present work.